essentials

essentials liefern aktuelles Wissen in konzentrierter Form. Die Essenz dessen, worauf es als „State-of-the-Art" in der gegenwärtigen Fachdiskussion oder in der Praxis ankommt. *essentials* informieren schnell, unkompliziert und verständlich

- als Einführung in ein aktuelles Thema aus Ihrem Fachgebiet
- als Einstieg in ein für Sie noch unbekanntes Themenfeld
- als Einblick, um zum Thema mitreden zu können

Die Bücher in elektronischer und gedruckter Form bringen das Fachwissen von Springerautor*innen kompakt zur Darstellung. Sie sind besonders für die Nutzung als eBook auf Tablet-PCs, eBook-Readern und Smartphones geeignet. *essentials* sind Wissensbausteine aus den Wirtschafts-, Sozial- und Geisteswissenschaften, aus Technik und Naturwissenschaften sowie aus Medizin, Psychologie und Gesundheitsberufen. Von renommierten Autor*innen aller Springer-Verlagsmarken.

Angelika Kutz

Systemik für ganzheitliche Resilienz im permanenten Wandel der agilen VUCA/BANI-Welt

Wieso der systemische Ansatz so heil- und wirksam ist für die nötigen Anpassungen in der digitalen VUCA/BANI- und KI-Welt

Angelika Kutz
Hannover, Niedersachsen, Deutschland

ISSN 2197-6708 ISSN 2197-6716 (electronic)
essentials
ISBN 978-3-658-43005-4 ISBN 978-3-658-43006-1 (eBook)
https://doi.org/10.1007/978-3-658-43006-1

Die Deutsche Nationalbibliothek verzeichnet diese Publikation in der Deutschen Nationalbibliografie; detaillierte bibliografische Daten sind im Internet über http://dnb.d-nb.de abrufbar.

Planung/Lektorat: Eva Brechtel-Wahl
Springer ist ein Imprint der eingetragenen Gesellschaft Springer Fachmedien Wiesbaden GmbH und ist ein Teil von Springer Nature.
Die Anschrift der Gesellschaft ist: Abraham-Lincoln-Str. 46, 65189 Wiesbaden, Germany

Das Papier dieses Produkts ist recyclebar.

Was Sie in diesem *essential* finden können

- Systemische Haltung für einen spielerischen Umgang mit „Constant Change"[1].
- Selbst-Stabilisierungs-Anregungen und Resilienz-steigernde Auto-Suggestionen für die agile VUCA[2]/BANI[3]- und KI[4]-Welt als Chance.
- (M)eine neue Wortschöpfung VUCABANI.

---

[1] Constant Change = stetiger Wandel; die sich stetig wandelnden Umstände.

[2] VUCA = Volatility (Volatilität), Uncertainty (Unsicherheit), Complexity (Komplexität), Ambiguity (Ambiguität / Zweideutigkeit).

[3] BANI = Brittle (brüchig, porös, spröde), Anxious (ängstlich, besorgt), Non-linear (nicht-linear), Incomprehensible (unverständlich).

[4] KI = „Künstliche Intelligenz".

Inhaltsverzeichnis

1	**Einleitung**...	1
2	**Definitionen**..	3
	2.1 VUCA und BANI => VUCABANI........................	3
	2.2 Resilienz...	5
	2.3 Resilienz-Verwandtschaft: Antonovskys Konzept der Salutogenese	9
	2.4 Beziehungs-Motive nach Sachse.........................	10
	2.5 Systemik/Systemische Haltung...........................	11
	2.6 Systemik und Resilienz – zwei Seiten derselben Medaille	12
3	**Entlastung durch De-Maskierung toxischen Double Binds**	15
	3.1 Was ist Double Bind (-Kommunikation)?..................	15
	3.2 Negativ-Folgen für Individuen...........................	17
	3.3 Emotionale Entlastung durch Demaskierung des Double Binds	21
4	**Umschalten auf Systemik und Resilienz-Stärkung**	23
	4.1 Um-Denken => anders Handeln für Balance auf allen Ebenen..	23
	4.2 Einschwenken auf das Ziel, die eigene (Lebens-) Linie zu (er-) finden...	25
5	**Mit Systemischer Haltung zu nachhaltiger Resilienz in der KI- und VUCA/BANI-Welt**	27
	5.1 Systemische Haltung als Basis für alles weitere	27
	5.2 Positiv-Folgen systemischer Haltung.....................	35
	5.3 Positiv-Folgen-Dreiklang: Selbst-Erkenntnis – Selbst-Führung – Selbst-Management	43

**6   Konkrete Handlungs-Optionen für durch Systemische
Haltung wirklich resiliente Personen** 45
6.1   Selbst-Erkenntnis (Self-Awareness). 45
6.2   Disziplinierte Selbst-Führung (Self-Leadership). 53
6.3   Selbst-Management & Selbst-Disziplin – zwei Seiten
derselben Medaille. 60

**7   Dank Systemik: ganzheitlich-resilientes Leben in Balance in
der KI- und VUCA/BANI-Welt** 73

Literatur. 79

Einleitung

Die VUCA/BANI-Welt mit ihren sich immer schneller verändernden, globalisierten und digitalisierten Arbeits- und Lebenswelten verunsichern, überfordern, überlasten viele, was sich mit Blick auf die jüngsten KI/AI[1]-Entwicklungen *(ChatGPT)* noch verschärft hat.

Komplexe Systeme sind für den Menschen[2] schwierig; für eine Adaptierung an diese hoch volatilen Entwicklungen sind an diese Herausforderungen angepasste Mechanismen, Denk- und Verhaltensweisen erforderlich.

Ziel dieses *essentials:*

- Anregungen für veränderte, auf der Systemischen Haltung fußenden Herangehensweisen sowie für ein gutes und resilientes (Arbeits-) Leben – auch und gerade in der hochagilen, multikomplexen VUCA/BANI-Welt,
- meiner persönlichen Überzeugung von den Positiv-Folgen systemischer Herangehensweisen an alle Lebensbereiche Ausdruck zu verleihen.

Dieses *essential* ist für eine schnellere visuelle Erfassbarkeit überblicks-stich- wortartig gehalten, was auch der Intention der Reihe *essentials* als Schnellein- führung in ein Thema entspricht.

---

[1] KI = Künstliche „Intelligenz"; AI = Artificial Intelligence (englischer Begriff für KI).

[2] Im Sinne der besseren Lesbarkeit sind in der hier sprachlich verwandten maskulinen Grammatik-Form alle anderen mitgedacht.

A. Kutz, *Systemik für ganzheitliche Resilienz im permanenten Wandel der agilen VUCA/BANI-Welt*, essentials, https://doi.org/10.1007/978-3-658-43006-1_1

Dieses Buch ist Teil eines Tandems. Das vorliegende nimmt **Bewältigungs-Möglichkeiten** für den Einzelnen (sog. **Verhaltensprävention**), das andere Organisationen (sog. **Verhältnisprävention**) in den Blick.

Weitere *essentials:*

Systemische Haltung in Beratung und Coaching – Wie lösungs- und ressourcenorientierte Arbeit gelingt (978-3-658-29685-8) – *auch auf Englisch verfügbar*

Double-Bind-Kommunikation als Burnout-Ursache – Ein Theorie-Vorschlag zu Auswirkungen toxischer Kommunikation in Organisationen (978-3-658-21916-1) – *auch auf Englisch verfügbar*

Toxische Kommunikation als Krankheitsursache in Unternehmen (978-3-658-12892-0)

Feedback gerne an
www.mediation-coaching-hannover.de
kontakt@coaching-per-mediation.de

Angelika Kutz

Foto: Corinna Perrevoort

Allen Unterstützern dieses Essentials gilt mein herzlicher Dank!

Definitionen

2

2.1 VUCA und BANI => VUCABANI

VUCA steht für

V olatile	volatil – unstet, unbeständig und unberechenbar wie in einer Achterbahn
U ncertain	unsicher – ständige, immer schneller werdende Veränderungen auf diversen Ebenen
C omplex	komplex – steigende Unübersichtlichkeit
A mbiguos	ambivalent, zwei-, mehr-, doppel-, uneindeutig; ich füge hinzu: Double Bind.

Das Konzept wurde im US-Militär-Kontext entwickelt und inzwischen auf Unternehmens- und Gesellschaftskontexte übertragen[1]. Die mit VUCA verbundenen Herausforderungen sind für alle gleichermaßen, speziell allerdings für Führungskräfte bedeutsam, weil für einen wirksamen Umgang damit veränderte Herangehensweisen nötig sind.

---

[1] Nandram, S., Bindlish P. (2017) S. 3.

Es gibt eine Art **Weiterentwicklung von VUCA: BANI**[2]:

B rittle	brüchig, porös, spröde – auch bezogen auf Anpassungs-aversive Systeme => nur vermeintliche Stärke/Stabilität => diese kann jederzeit auf's Heftigste kollabieren => der vielbesprochene sog. „Kipppunkt"[3], an welchem alles zusammenfällt – der bedrohlichste dürfte auf dem Gebiet der Klimaver-änderung[4] liegen!
A nxious	mit der natürlichen Folge: Angst, Besorgnis, Befürchtung, Fehler zu machen. => aus angstbesetzter Sicht scheint jede Handlung Katastrophen auszulösen. => Negativ-Sensations-(Falsch)-Berichte heizen diese Angstspirale weiter an => Passivität, Paralyse, Negativitätsspirale => ggf. Ursache für zunehmende Aggressivität in allen Bereichen
N on-linear	nicht-linear => Kausalitäten und Effekte sind unberechenbar und ggf. unverhältnismäßig => klein(st)e Entscheidungen und Handlungen mit massiv(st)en Folgen => oder umgekehrt: viel Engagement führt ins Leere
I ncomprehensible	unbegreiflich, unverständlich, unübersichtlich, unlogisch, unsinnig => mangelnde Nachvollziehbarkeit von Entscheidungen trotz Information => oder gerade wegen zu vieler (Negativ-) Informationen

und wird als Beschreibung der zunehmend als chaotisch empfundenen Umstände verwendet.

---

[2] Starker, V., Peschke, T. (2021) S. 62/63; https://medium.com/%40casci.o/facing-the-age-of-chaos-b00687b1f51d, Login: 12.08.2023.

[3] https://de.wikipedia.org/wiki/Tipping-Point; Login: 12.08.2023.

[4] https://de.wikipedia.org/wiki/Kippelemente_im_Erdklimasystem; Login: 12.08.2023.

Wie VUCA soll BANI dazu beitragen, diese verunsichernde, unkalkulierbare Gemengelage auf im Grunde allen Gebieten – ökologisch, ökonomisch, politisch, Staatsform-bezogen, gesellschaftlich, beruflich wie privat etc. – besser erfassen und einordnen zu können.

Für die Beschreibung dieser Umstände und Vorgänge lautet (m)eine neue **Wortschöpfung** *VUCABANI*.

Allerdings reicht für meine Begriffe eine reine Beschreibung dieser Phänomene nicht aus.

Wichtig ist, Wege zu finden und zu gehen für einen konstruktiven Umgang mit diesen parallelen und multikomplexen Herausforderungen.

Als **Werkzeug zur Bewältigung von BANI** wird **RAAT**[5] vorgeschlagen:

R esilienz	und **Belastbarkeit, Lockerheit, Loslassen**
A chtsamkeit	und **Empathie**
A daptivität	und **Kontextdenken** sowie **Veränderbarkeit, Flexibilität**
T ransparenz	und **Intuition**

Im Folgenden wird sich zeigen, dass diese vorgeschlagenen „Gegenmittel" **bereits integraler Bestandteil der Systemischen Grundhaltung** sind, und die **Systemische Haltung** Dank der ihr immanenten Haltungs- und Handlungsbestandteile **ermöglicht, mit** der Gesamtsituation von VUCA und BANI, also **VUCABANI, souverän umzugehen** – privat wie beruflich *und* auf Organisations-Ebene (siehe das *Tandem-essential*).

2.2 Resilienz

Bedeutet **psychische Widerstandskraft** gegen die Fährnisse des Lebens. Eine Art „Seelenhornhaut".

Resilienzforschung beruht auf Studien mit Personen, welche es trotz schwieriger Lebenskontexte schaffen, ihr Leben aus eigener Kraft in Balance zu bringen bzw. zu halten, und untersucht die Unterschiede zu anderen Personengruppen.

---

[5] https://medium.com/@cascio/facing-the-age-of-chaos-b00687b1f51d und z. B. https://digitalleadership.com/blog/bani-world/, Login: 09.08.2023.

Dabei hat man festgestellt, dass es ca. jeweils ein Drittel der von schwierigen Ereignissen und Lebensumständen Betroffenen schafft, in Stress- und Belastungssituationen psychisch gesund und stabil/in Balance zu bleiben bzw. sich schnell wieder in Balance zu bringen.

Das, was dieses resiliente Drittel auszeichnet, was diese Personen also ander(e)s machen als die diejenigen, denen Resilienz eher noch weniger gut gelingt, beruht zu einem Großteil auf Resilienz-fördernden Denk- und Verhaltensmustern (Mourlane, 2013).

[1] – Resilienz-Faktoren nach Mourlane
mit den Komponenten

Emotionssteuerung	= ein Prozess, als negativ empfundene, nicht-resiliente Emotionen so zu steuern, dass man *wirklich* (wieder) positive Emotionen spürt
Impulskontrolle	= Disziplin, also konzentriert, fokussiert und achtsam an einer Aufgabe zu arbeiten, ohne sich permanent von anderen Einflüssen ablenken zu lassen
Kausalanalyse	= Gründliche Situations-Analyse plus Identifikation der richtigen emotionalen Gründe für ihren Zustand, um die richtigen Maßnahmen zu ergreifen, sich besser zu fühlen
Realistischer Optimismus	= innere Haltung, dass sich Dinge trotz wahrgenommener und realistisch eingeschätzter Herausforderungen und Hindernisse positiv entwickeln werden
Selbstwirksamkeitsüberzeugung	= Überzeugung, das eigene Schicksal in den Händen zu haben, durch eigenes Verhalten steuern zu können und Umgebungen aus eigener Kraft gestaltend zum Besseren zu wenden
„Reaching Out"/Zielorientierung	= kritische Unterscheidungsfähigkeit, wann Ziele weiter verfolgbar sind und wann ggf. aufzugeben und durch neue zu ersetzen; auch nach einer Zielerreichung werden schnell – aus Spaß am Tun! – weitere Ziele gesetzt, welche dann wieder diszipliniert verfolgt werden
Empathie	= die Fähigkeit, sich in Gedanken und Gefühlswelt anderer hineinzuversetzen

Resilienz ist also die intelligente Nutzung begrenzter eigener Ressourcen (Mourlane, 2013, S. 52).

Laut den Resilienz-Forschungsergebnissen **entsteht Resilienz (auch) durch die Bewältigung schwieriger Ereignisse.**

Vier bis fünf größere schwierige und belastende Ereignisse – in der Regel hintereinander – wirken Resilienz-stärkend bzw. Resilienz-steigernd. Wurden sie gemeistert, sind diese Personen gestärkt, also resilienter, aus diesen Ereignissen hervorgegangen.

Allerdings können selbst solchermaßen resiliente Personen dennoch aus dem Gleichgewicht geraten, wenn zu viele belastende Ereignisse in zu kurzer Abfolge oder gleichzeitig passieren (Mourlane, 2013). Es gibt keine Resilienz-Garantien.

Resilienz ist also die – erlernbare – Kunst, aus Schwierigkeiten aufgrund der inneren Selbstwirksamkeits-Überzeugung aus eigener – mentaler – Kraft wieder herauszufinden; an sich die alte Weisheit: *„Der Mensch wächst an seinen Aufgaben."*

Laut Mourlane (2013, S. 23) gehen hochresiliente Menschen die Herausforderungen des Lebens mit

- Zuversicht
- Gelassenheit
- Selbst-Vertrauen
- Mut
- Menschlichkeit
- viel Konsequenz und Disziplin an.

Sie sehen

- Rückschläge oder Fehlentscheidungen – privat und beruflich – als
  - zum Leben gehörend bzw.
  - Lernquelle an (und nicht Selbstwert-zerstörend)
- und nehmen sich vor,
- es beim nächsten Mal besser zu machen.

Sie haben die Fähigkeit (entwickelt),

- nach Rückschlägen,
- in Situationen großer Unsicherheit,
- unter Druck

- gelassen
- positiv
- (realistisch-) optimistisch und
- zielorientiert zu bleiben.

Merkmale hochresilienter Personen, sie

- strahlen Optimismus und Zuversicht aus
- wirken balanciert und mit sich im Reinen
- haben klare Ziele vor Augen, welche sie konsequent und mit viel Disziplin verfolgen
- sind empathisch
- können sich zurücknehmen, um dem anderen genau zuzuhören
- haben Humor
- akzeptieren die negativen Seiten des Lebens als etwas, was zum Leben dazugehört (Mourlane, 2013, S. 43).

Dabei legen sie keinen übertriebenen Optimismus nach dem „Motto" *„Mir gelingt alles…",* an den Tag, sondern *stattdessen realistischen Optimismus* und tauschen sich mit anderen immer wieder darüber aus, was ihre Stärken sind, und was ihnen wirklich wichtig ist.

Bei Resilienz geht es also gerade **nicht** um **zweifelhafte Selbstoptimierung oder Schein-Optimismus** durch unkritische, **sich selbst betrügende „Schön-Rednerei".**

[2] – Resilienz-hindernde/Resilienz-fördernde Denkmuster
Sondern Resilienz hängt stark von den sog. *Thinking Styles (Denkstile)* (Mourlane, 2013, S. 90), also den Denkmustern, ab.

Hier greift als Erläuterung das hinlänglich bekannte Beispiel, ob das **Glas**

- **halb voll** *oder*
- **halb leer**

ist.

Beide Sichtweisen entsprechen der Realität; sie unterscheiden sich allerdings mit den damit in Verbindung gebrachten Gefühlen.

Damit Hand-in-Hand-gehende Denk- und Verhaltensmuster im Detail: Mourlane (2013, S. 95 ff.).

Hier wird aus Platzgründen nur auf folgende Grundbestandteile verwiesen:

- „Love it, change it or leave it" (Liebe es, verändere es oder lasse es bleiben.)
- Unterscheidung zwischen Veränderbarem und Nicht-Veränderbarem
- Bei seinen Eigenanteilen beginnen, inkl. der eigenen Antreiber, Glaubenssätze
- Denkfallen beseitigen

- Positivität (Glückstagebuch), Achtsamkeit, Verbindung mit Menschen und „Mensch sein".

Wichtige Denkstil-Gegenpole der Denkfallen, Mourlane (2013) nennt es *inakkurates Denken,* sind

- Personalisieren/Externalisieren   = „Ich"/„Nicht-Ich"
- Generalisieren/Spezialisieren   = „Alles"/„Nicht-Alles"
- Dauerhaft/zeitlich begrenzt   = „Immer"/„Nicht-Immer".

Ein Beispiel für nicht hilfreichen Denkstil wäre: „Ich mache immer alles falsch."

Ein Bespiel für einen resilienten Denkstil wäre: „Ich habe dieses Meeting dieses Mal noch nicht gut genug vorbereitet. Beim nächsten Mal mache ich es besser."

Der erste Denkstil hindert, der zweite eröffnet Zukunfts-, Veränderungs-, und Lernpotential.

2.3   Resilienz-Verwandtschaft: Antonovskys Konzept der Salutogenese

Er erforschte, was weibliche KZ-Überlebende befähigt hatte, die dortigen Lebensumstände zu überleben und später trotz dieser Ereignisse ein gefestigtes Leben zu führen. Auch in seinen Studien schaffte es ein Drittel, trotz dieser fürchterlichen Erlebnisse ein Leben in Balance zu führen.

Das von ihm zunächst vermutete Kriterium der „hardiness", also einer Art Abhärtung, umfasste die

- Fähigkeit, seine Gefühle zu beherrschen,
- Überzeugung, im Leben Verpflichtungen zu haben, sowie
- Bereitschaft, Veränderungen als Herausforderungen zu begreifen (Goddemeier, 2019).

Die späteren Hauptkomponenten der Salutogenese als Ausdruck des sog. **Kohärenzgefühls,** einer Art **Gefühl für die (Gesamt-) Stimmigkeit der Ereignisse,** wodurch die Situationen psychologisch beherrschbar(er) werden, beinhalten

Verstehbarkeit einer Situation	Fähigkeit, Lebenszusammenhänge zu erkennen
Handhabbarkeit/Beherrschbarkeit	Überzeugung, das eigene Leben gestalten zu können; ähnlich der Selbstmächtigkeit
Bedeutsamkeit	Die Überzeugung, dass es einen tieferen Sinn gibt für das, was geschieht

Einen solchen Sinn gab sich Viktor Frankl[6] im KZ dadurch, dass er die dortigen Erfahrungen als eine Art Experiment betrachtete, bei welchem er Verhalten in Extremsituationen „studieren" konnte (Mourlane, 2013, S. 30), verbunden mit dem sinngebenden Zukunftsgedanken, dass er seinen Studenten später von den psychologischen Wirkungen dieser Ereignisse berichten konnte.

Dadurch konnte er für sich gedanklich eine positive Zukunftsvision herstellen und den Ereignissen eine Sinnhaftigkeit gemäß der Salutogenese geben, um das Erlebte überstehen zu können.

Die Salutogenese-Aspekte helfen also dabei, (geistig) gesund zu bleiben, und fördern Resilienz.

Schnittmengen zwischen Resilienz und Salutogenese sind z. B. Emotionskontrolle, Chancen in Herausforderungen zu sehen, Selbstwirksamkeitsüberzeugungen.

2.4   Beziehungs-Motive nach Sachse

Sachse (2000) definiert in menschlichen Entwicklungs-Kontexten die **Beziehungsmotive**

- **Anerkennung**
- **Wichtigkeit**
- **Verlässlichkeit**
- **Solidarität**
- **Autonomie**
- **Grenzen**

Nach seiner Theorie der doppelten Handlungsregulation entsteht eine in sich gefestigte, ausgeglichene und ausbalancierte Persönlichkeit, wenn diese

---

[6] https://de.wikipedia.org/wiki/Viktor_Frankl; Login: 08.07.2023.

Beziehungsmotive in Kindheit und weiteren Entwicklungs-Stufen in aus-
reichendem Maße „bedient" wurden. Bleibt auch nur eines dieser Beziehungsmotive im Ungleichgewicht, entstehen Schieflagen in der Entwicklung.
Diese äußern sich über diverse Spielarten, z. B. Aufmerksamkeit durch
besonders auffälliges Verhalten zu bekommen (Substitut für Wichtigkeits-
erfahrungen) oder ständig besondere und intensive Leistung zu zeigen (Substitut
für Anerkennungserfahrungen).

Man braucht nicht unbedingt so tief in die Zusammenhänge einzusteigen, wie
ich es in dem *essential* **Double Bind als Burnout-Ursache** (Kutz, 2018) getan
habe.

Das darin beschriebene Verständnis für die von Sachse beschriebenen
Mechanismen fördert zusammen mit meinem Theorie-Vorschlag zu den Double
Bind-Auswirkungen allerdings das Einfühlungsvermögen in diese, zunächst
irritierend wirkenden Verhaltensweisen und hilft, die systemischen *guten Gründe*
hinter dem Verhalten anderer zu erkennen, erhöht also die eigene Empathie-
Fähigkeit und damit einen wesentlichen Systemik-Bestandteil.

2.5 Systemik/Systemische Haltung

Systemik und Systemische Haltung basieren auf einer zutiefst humanistischen,
inneren Haltung zu allem,

- Menschen – Basis: positives Menschenbild
- allem Lebendigen
- Ideen/Wertvorstellungen aller Art (die allerdings nicht geteilt werden müssen)
- Umwelt/Natur
- Dingen
- Entwicklungen/Veränderungen (Change)
- Systemen
- Schöpfung/Universum

Systemik ist damit eine **grundsätzliche Lebenseinstellung** des

- Respekts
- der Wertschätzung
- Anerkennung und Achtung des „anderen" (egal, ob belebt oder unbelebt)
- der empathischen Achtsamkeit.

Details: Kutz (2020) und im Folgenden.

2.6   Systemik und Resilienz – zwei Seiten derselben Medaille

Die Gemeinsamkeiten, Schnittmengen und Verwandtschaft von Systemischer Haltung und Resilienz bzw. Salutogenese im Zusammenspiel mit den Sachse-Beziehungsmotiven sind augenfällig:

* Empathie
* Bedürfnis nach
  – Stimmigkeit, also Authentizität, Konsistenz, Kohärenz, Sinn
  – Ausgeglichenheit der (Grund-) Bedürfnisse
  – Stabilität des Selbst-Werts
  – echter Bindung
* die Arbeit an den Eigenanteilen durch Selbst-Reflexion
* Ziel- und Lösungsorientierung
* (Optimistischer) Zukunftsfokus
* Grundannahme, durch Selbstverantwortung seine Geschicke gestalten zu können.

Auch hier gilt der Systemik-Grundsatz: *„Alles hängt mit allem zusammen"* und ist nur ganzheitlich erfassbar. Ein möglicher Grund für die Überschneidungen zwischen diesen Ansätzen.

Mourlane (2013) schildert auf S. 19 folgende interessante Gedanken:

Psychische Überlastungs-Probleme entstehen nach seiner Einschätzung in der heutigen (westlichen) Freiheitsgesellschaft durch die Entscheidungsfreiheit in Kombination mit zu vielen zur Wahl stehenden Möglichkeiten. Dies überfordere.

Er schließt daraus, dass wir nicht an der Masse der Dinge, Eindrücke etc. als solcher „leiden", sondern an der Freiheit, zwischen zu vielen Möglichkeiten entscheiden zu können bzw. zu „müssen", und dadurch unsere Entscheidungsfähigkeit torpediert bzw. gelähmt wird bzw. wir sie eingebüßt haben – auch, weil jeder selbst getroffenen Entscheidung die Gefahr eines Scheiterns innewohnt, welches dann allerdings darauf zurückgeführt wird, dass man selbst nicht in der Lage war, es besser zu machen.

Systemik setzt dem ganz klar die Entscheidungsfreude mit dem Grundhaltungs-aspekt

„Ich entscheide mich auf Basis meines Sytemischen Wertekanons für…"
und damit wirksam eine innere Führung entgegen.

Dies wird kombiniert mit dem Selbstverantwortungsgrundsatz der Systemik **… weil ich mich entschieden habe, stehe ich auch zu dieser Entscheidung und mache das Beste daraus bzw. adjustiere flexibel und überlegt auf die sich dann stellende Situation.** Und entspricht damit dem Resilienz-Faktor „Ziele-Setzen/Reaching out", eine der Schnittmengen zwischen Systemik und dem Resilienz-Konzept.

Parallelen in der heilsamen Wirkung von Systemik und resilienz-stärkenden Denkmustern

Systemik	Resilienz
Neugier, Lernbegierde, Offenheit für Neues	Herausforderungen als Lernchancen
In jeder Krise liegt eine (Lern-) Chance	Fehlschläge sind Lernchancen
Ressourcen-Fokus (bei sich und anderen)	Kalibrierung durch Austausch über Stärken mit anderen; Selbstwirksamkeits-Über-zeugung
Selbstverantwortung	Disziplin
Zukunftsorientierung, Lösungsfokus	Zielorientierung
Empathie	Empathie
Sich zurücknehmen, beim anderen sein	Sich zurücknehmen, dem anderen genau zuhören
Demut	Demut
Balanciertes Selbst(Bewusstsein)	Balanciert, im Reinen mit sich

Die **Systemische Haltung** ist also **ein Resilienz(ver)stärker** und **legt die Basis für all dies** sowie **für ein resilientes Leben in Balance** (siehe unten).

Entlastung durch De-Maskierung toxischen Double Binds

3

Viele erleben im Privaten und Beruf allerdings oft das genaue Gegenteil dieser positiven Konnotationen.

Im Rahmen meiner Coaching-Tätigkeit sind mir viele Klienten und Kontexte begegnet, aus welchen ich die in den *essentials* von 2016/2018 geschilderten Erkenntnisse und Schlüsse gezogen habe.

Dazu zählt ein von mir vermuteter Zusammenhang von toxischen Double Bind-(Kommunikations-) Strukturen mit den in diesen beiden *essentials* geschilderten negativen Folgen für Einzelpersonen und Unternehmen bzw. Organisationen.

Als ersten Schritt in Richtung „Resilienz"/„Leben in Balance" ist es wichtig, die toxischen Zusammenhänge der Double Bind-Kommunikation zu durchschauen, um sie abzustellen.

3.1   Was ist Double Bind (-Kommunikation)?

Double Bind bedeutet Doppelbotschaft, Botschaften mit doppeltem Boden, uneindeutige, unauthentische Kommunikation[1]. Ein gutes Beispiel ist

---

[1] Details: Kutz (2016, 2018) mit Bezugnahme auf Bateson (1956), Watzlawick et al. (2011), Schulz v. Thun (1989, 1998, 2003, 2016).

© Der/die Autor(en), exklusiv lizenziert an Springer Fachmedien Wiesbaden
GmbH, ein Teil von Springer Nature 2023
A. Kutz, *Systemik für ganzheitliche Resilienz im permanenten Wandel der agilen VUCA/BANI-Welt*, essentials, https://doi.org/10.1007/978-3-658-43006-1_3

15

Wasch mir den Pelz, aber mach mich nicht nass.

Komponenten Paradoxer Double Bind-Kommunikation

- Existenzielles Abhängigkeitsverhältnis (Familie, Organisationen, Unternehmen), wo es nötig ist, Botschaften richtig zu entschlüsseln.
- Dieses System kann nicht bzw. nur unter großen, ggf. existenzgefährdenden Nachteilen verlassen werden.
- Ein und dieselbe Interaktion enthält:
  - inkongruente Kommunikation: verbale und non-verbale Kommunikation widersprechen sich und/oder
  - sich gegenseitig ausschließende Handlungsanweisungen
  - „Wasch mir den Pelz, aber mach mich nicht nass."
  - => Egal, welche Anordnung der Adressat ausführt: Er verstößt automatisch gegen die zweite – zeitgleich und ebenso als gültig angeordnete – Anweisung.
  - => Ein Richtigmachen ist unmöglich, weil die gewählte Lösung immer als gerade die falsche hingestellt werden kann.
- Infolgedessen wird der Adressat abgestraft, egal welche der Scheinalternativen er wählt.
- Es besteht ein Verbot einer Thematisierung/Transparentmachung der Unmöglichkeit einer gleichzeitigen Ausführung BEIDER Anordnungen; es ist untersagt, diese paradoxe Situation anzusprechen; damit besteht ein Verbot von Meta-Kommunikation (= Kommunikation über die Art und Weise der Kommunikation).
- Wird es dennoch angesprochen, gibt es drei (kontraproduktive) Folgen – getrennt und/ oder kumuliert:
  der Double Bind-Empfänger wird (explizit oder implizit) bezeichnet als
  - dumm = nicht in der Lage, die Anweisung zu verstehen;
  - aufsässig = wieso haben Sie nicht das gemacht, was ich Ihnen angeordnet habe?
  - verrückt = wie kommen Sie auf die verrückte Idee, ich könnte...gemeint haben?

Das Fatale

- diese Mechanismen laufen meist bei allen unbewusst[2] ab –
  - bei Double Bind-„Verwendern"
  - bei Double Bind-Adressaten;
  - beiden Seiten ist also (ohne Hinweis auf diese Mechanismen, die im Double Bind-System aufgrund der untersagten Metakommunikation gerade nicht benannt werden dürfen) nicht klar, wie diese Art der Kommunikation wirkt und was sie bewirkt. Alles bleibt damit intransparent, unbewusst, diffus, unlösbar.

---

[2] Sind den Beteiligten also selbst gar nicht klar, es sei denn, sie beschäftigen sich ganz bewusst mit diesem Themengebiet.

Weitere Erschwernis
Durch das unbewusste Ablaufen dieser Mechanismen, gehen diese – erlernten – Kommunikations-Muster jeweils auf die nachfolgenden Generationen über **(transgenerationelle Weitergabe)** (Details: Kutz, 2018).

Warnsignale in der Kommunikation
- *„Ja, aber"*
- *„Eigentlich"*
- Konjunktive wie *„ich würde/könnte ja"*

Warnsignale mit Blick auf Double Bind in Organisationen
- Mangelndes Selbstbewusstsein
- Divergenz zwischen persönlichen Werten und Wertigkeit der Aufgabe („Werte-Clash")
- Angst vor negativen Konsequenzen eigenen „Versagens"
- Resignation bei gleichzeitiger
- „Eingerichteter Saturiertheit"/„Saturierter Eingerichtetheit", weil jedes Engagement wegen der Double Bind-Mechanismen („es genügt nie") gefühlt ohnehin zweck- und sinnlos ist und „das System" schon „für einen sorgen" wird. (Double Bind-Systeme zeichnen sich häufig durch „Unterwerfung gegen Versorgung" aus. (Kutz, 2016, 2018)

3.2   Negativ-Folgen für Individuen

Sind kurzgefasst

- Wie man's macht, macht man's verkehrt.
- Jemand gibt sein Bestes, es reicht aber nie.
- Internalisierung des Selbstbildes als „Versager"/der eigenen „Minderwertigkeit".
- Fehlender Handlungsspielraum.
- Ein Auflösen der paradoxen Situation ist unmöglich, da es nur Scheinalternativen gibt.
- Es gibt nur Zweideutigkeit(en), keine Eindeutigkeit.
- Die Situation ist gefühlt unbeherrschbar => unaushaltbar => Ohnmachtsgefühle entstehen.
- Viele reagieren darauf mit gesundheitlichen Beschwerden auf den „3 Kanälen"

– physisch
– psychisch
– psycho-somatisch.

Psychologische Wirkungen beim Double Bind-Adressaten sind; er

- verliert
  – die Möglichkeit einer eindeutigen Zuordnung seiner Wahrnehmung
  – dadurch die Klarheit seiner inneren Realitäts-Konstrukte
  – autonome Entscheidungsmöglichkeiten zwischen Wahrnehmungs- und Handlungsalternativen
- landet so in
  – einer emotionalen Sackgasse, Endlosschleife und Paralyse,
  – wodurch er handlungsunfähig wird.
- Bateson (1956) bezeichnet Double Bind daher auch als *crazy-making* = verrückt-machend.

Durch mangelnde

- Eindeutigkeit
- Sicherheit
- Autonomie

kommt es zu den psychischen und emotionalen Double Bind-Folgen

- Verwirrung
- Verunsicherung
- Selbst-Unsicherheit
- Überforderungsgefühl
- Ohnmachtsgefühl/sich ausgeliefert fühlen
- Erschöpfung
- Wut
- Trotz
- Paralyse
- Handlungsunfähigkeit
- Angst
- Verzweiflung
- Aggression – gegen sich und andere (meist vermeintlich „Schwächere" im System – in allen, auch privaten, Kontexten)

Weitere Konsequenz sind eine internalisierte mentale Dauer-Anspannung und emotionaler Stress.
Am Ende dieser Gefühlskaskade steht fast immer: (**Auto-**) **Aggression.**
Diese äußert sich, je nach Kontext, entweder direkt oder indirekt, verdeckt oder offen.

Konsequenz der Aggression

- Konfliktzunahme
- Dadurch weitere Frustration, Enttäuschung, Aggression – gegen sich und andere
- => Abwärtsspirale = Stagnation = keine Weiter-Ent-wicklung mehr.

Konsequenz der Auto-Aggression (gegen sich selbst gerichtete Aggression)

- Dauer-Überforderung/Dauer-Stress/Dauer-Energieverlust
- Erkrankungen/krankheitsbedingte Ausfälle mit Ursachen auf den „3 Kanälen"
  - physisch
  - psychisch
  - psycho-somatisch.

Im Tierversuch bekamen Tiere egal für welche ihrer Handlungen Stromschläge. Folge war die sog. erlernte Hilflosigkeit[3]. Sie saßen in der Folge apathisch und handlungsunfähig in ihren Käfigecken.
Double Bind-Kommunikation ist also **traumatisierende Kommunikation.**

Psychologische Tiefenfolge dieser mental-emotionalen Dauer-Erniedrigungen durch ständige Angriffe auf das Selbst-Wert-Gefühl durch Bezeichnung als dumm, aufsässig, verrückt:

- Paralyse
- Psychische Demolierung
- Permanente Fremd- und Selbst-Abwertung – letzteres durch Internalisierung (= emotionale Verinnerlichung der Double-Bind-verursachten impliziten „Anschuldigungen").

---

[3] Seligman (2016).

- (Selbst-) Vertrauens-Verlust
- Demontierung des Selbstwertgefühls/Selbst-Bewusst-Seins
- Das Gefühl, als Person nicht richtig zu sein.
- Es entsteht das Selbstbild der Wertlosigkeit als Person.
- ggf. Beziehungsstörungen, z. B. im narzisstischen Persönlichkeitsstil mit dem unbewussten, internalisierten Selbstbild des „Versagers", der eigenen „Minderwertigkeit" (Sachse, 2000).
- zunehmend verzweifelter werdende, unbewusste Kompensations-Versuche beim Double Bind-Adressaten durch
  - Perfektionistische Anstrengungs(über)steigerung in der Hoffnung, es doch noch endlich (vermeintlich) richtig machen zu können und damit
  - Selbstüberanstrengung bis zum sog. „Burnout", bei welchem die Anforderungen die Bewältigungsmöglichkeiten bis hin zur totalen Erschöpfung übersteigen – egal durch welche individuellen, vielschichtigen Umstände.
  - Burnout kann auch aus dem Werte-Clash entstehen, also aus einer Art Sinnkrise.
- **Folge**: (**Erschöpfungs**-) **Depression** und damit einhergehend: **Handlungsunfähigkeit.**

Double Bind-Burn-Out-Abwärts-Spirale
- Individuum -
Toxischer Double-Bind

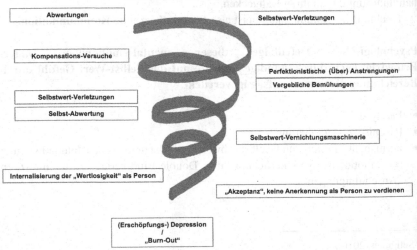

Abwertungen

Selbstwert-Verletzungen

Kompensations-Versuche

Perfektionistische (Über) Anstrengungen

Vergebliche Bemühungen

Selbstwert-Verletzungen

Selbst-Abwertung

Selbstwert-Vernichtungsmaschinerie

Internalisierung der „Wertlosigkeit" als Person

„Akzeptanz", keine Anerkennung als Person zu verdienen

(Erschöpfungs-) Depression
/
„Burn-Out"

© Angelika Kutz 2023

In **Organisations-Strukturen** bzw. auch gesamten **Staaten- und Gesell-schaftssystemen**, vor allem in **totalitären Systemen**, wird **Double Bind** – z. T. gezielt – als **Folter-, Demoralisierungs-** und **Macht- und Pfründesicherungs-Instrumentarium** eingesetzt.

In **Double Bind-Organisationen** laufen **Menschen mit Double Bind-Vor-belastung** gesteigerte Gefahr, sich in den diffusen Gemengelagen zu verfangen.

Vor allem **Mitarbeiter mit intaktem Wertesystem** haben in Double Bind-Organisationen im Grunde nur **drei Optionen** – außer, es gelingt ihnen, ein aus-reichendes Gegengewicht zu etablieren (siehe weiter unten in diesem *essential*)

- **Räumlich verlassen:** Kündigen (bei Alternativen; sonst wählen sie u. U. Option 3)
- **Mental verlassen** – sich (innerlich) abspalten – innere Kündigung – psychische, physische, psycho-somatische Erkrankungen
- **Schlimmstenfalls** die fatalste Double Bind-Folge: existenziell-physisch durch Suizid, insbesondere bei gefühlter Ausweglosigkeit/depressiver Verstimmung.

Details und weiteren **Folgen für die Organisation: Tandem**-*essential* und **Kutz (2016, 2018).**

3.3 Emotionale Entlastung durch Demaskierung des Double Binds

Ist das Double Bind-Muster einer (familien-historisch bedingten) Double Bind-Umgebung, Double Bind-Organisation oder ganzen Double Bind-Gesellschaft aus seiner unbewussten Maskierung in die Transparenz geholt, verliert es seine Macht. Es wird durchschaubar, der diffuse Nebel lichtet sich, eine gezielte Bearbeitung, ein strukturiertes (mentales) „Gegenarbeiten" gegen die Double Bind-Mechanismen wird möglich.

Für eine nachhaltige Befreiung von destruktivem Double Bind

- ist also ein Transparent- und Bewusstmachen der Mechanismen nötig; durch eine Auseinandersetzung mit den Tiefenwirkungen des Double Bind-Ein-flusses (Kutz, 2016, 2018). Dies bedeutet allerdings nicht automatisch eine (Auf-) Lösung der Double Bind-verursachten Probleme; dafür können tief-ergehende Bearbeitungsschritte nötig sein; und
- hilft ein Umschalten auf Systemik und Resilienz-förderndes Um-Denken.

→ **die doppelten Knoten entwirren sich => Entwicklung wird möglich.**

Umschalten auf Systemik und Resilienz-Stärkung

4

Für die Bewältigung der diversen Herausforderungen der hochdynamischen KI- und VUCA/BANI-Welt ist also zusätzlich zum Abstellen von Double Bind-Kommunikation ein Umlernen auf Systemik und Resilienz-förderndes Um-Denken wichtig.

> „Systemische Haltung hat viel mit der Fähigkeit zu tun, mit den diversen Fährnissen und ständigen Veränderungen des Lebens umzugehen und fertig zu werden.
> Und damit mit der sog. Resilienz, also der psychischen Widerstandskraft in belastenden, überfordernden oder sogar krisenhaften Lebensumständen." (Kutz, 2020, S. 62)

4.1 Um-Denken —> anders Handeln für Balance auf allen Ebenen

Die Systemik geht von einer kontinuierlichen Veränderbarkeit und Gestaltbarkeit (von allem) aus.

[1] – Man kann die Welt verändern, wenn man sein Denken verändert
Auch an sich tradiertes Wissen:

Achte auf Deine Gedanken, denn sie werden Worte.
Achte auf Deine Worte, denn sie werden Handlungen.
Achte auf Deine Handlungen, denn sie werden Gewohnheiten.

Achte auf Deine Gewohnheiten, denn sie werden Dein Charakter.
Achte auf Deinen Charakter, denn er wird Dein Schicksal.[1]

Die Parallelen zum Systemischen Gedankengut sind augenfällig siehe Abschn. 5.1).

Wer also **Realität/en** durch Erlernen und Ausüben neuen Verhaltens **verändern will,** muss seine **Denkstrukturen, innere Haltung(en) und** seine **Kommunikation nach innen und außen verändern!**
Die Systemische Haltung legt dafür die Basis.

[2] – Die gute Nachricht: Systemik und Resilienz kann man erlernen
Dank der sog. **Neuroplastizität**[2], also der Fähigkeit des Gehirns, das gesamte Leben über zusätzliche Verbindungen im Gehirn zu knüpfen, und so permanent neue Fähigkeiten, Denkweisen und innere Haltungen zu erlernen, sind destruktive, toxische Double Bind-Kommunikationsmechanismen **ver**-lernbar und die für die Systemik und Resilienz förderlichen Fähigkeiten **er**-lernbar.

Die Hauptarbeit liegt darin, mithilfe der **Systemik und des sog. Reframings**[3], **einer mentalen Umprogrammierung,** ein gesundes, balanciertes Selbstbewusstsein, ein in sich ruhendes und gefestigtes Selbst-Wert-Gefühl aufzubauen – ggf. mittels Coachings/Systemischer Beratung.

Weitere Unterstützung liefert die **Um-Programmierung auf Resilienzfördernde Denk-Weisen.**

---

[1] Zitiert aus: Ahrens & Ahrens (2013); https://www.aphorismen.de/zitat/19331; Login: 30.03.2023; Ursprung China bzw. unbekannt.

[2] https://de.wikipedia.org/wiki/Neuronale_Plastizit%C3%A4t; Login: 08.07.2023

[3] Systemisches Reframing = Dinge in einen anderen Rahmen/Zusammenhang setzen => eine Blickwinkelveränderung bewirken

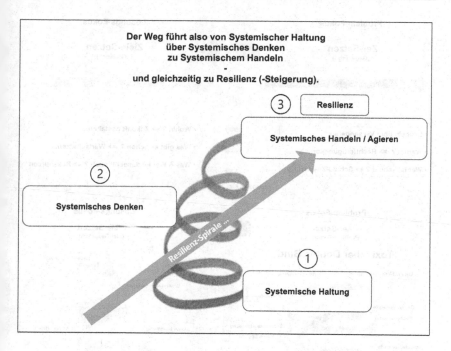

4.2   Einschwenken auf das Ziel, die eigene (Lebens-) Linie zu (er-) finden

Veränderung beginnt immer bei jedem einzelnen selbst.

Hilfreich für dieses Umlenken auf die Systemische Haltung und ein darauf basierendes radikales Ander(e)s-Machen, ist ein Umschwenken

- vom Zer-Setzen zum Ziele-Setzen („From Growling to Goaling")
- vom Problem-Fokus zum Lösungsfokus

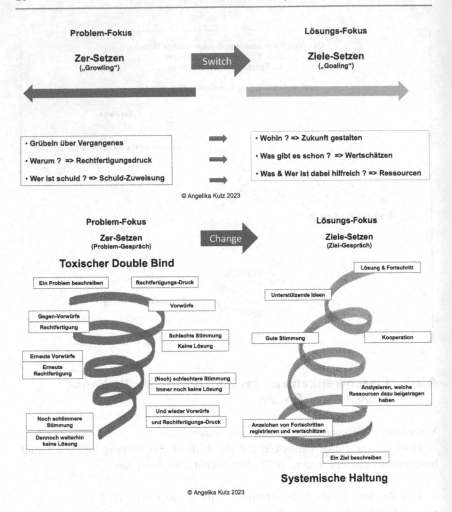

© Angelika Kutz 2023

Etwas salopp könnte man auch sagen

Stoppt die „Jammeritis" – startet die Future Talks[4].

Im **Privat-** *und* **Arbeitsleben.**
Das besonders Gute am Umschalten auf Systemik:
Jeder kann mit der Systemischen Haltung anfangen –
unabhängig von Kontext, Alter, Ort und jederzeit.

---

[4] Auf die Zukunft gerichtete Sprachmuster/Gespräche.

Mit Systemischer Haltung zu nachhaltiger Resilienz in der KI- und VUCA/BANI-Welt

5

5.1 Systemische Haltung als Basis für alles weitere

© Der/die Autor(en), exklusiv lizenziert an Springer Fachmedien Wiesbaden GmbH, ein Teil von Springer Nature 2023
A. Kutz, *Systemik für ganzheitliche Resilienz im permanenten Wandel der agilen VUCA/BANI-Welt*, essentials, https://doi.org/10.1007/978-3-658-43006-1_5

Konstruktivistische Grundannahme(n)	• Sprache konstruiert Wirklichkeit (Konstruktivismus)
	• Alles, was gedacht werden kann, kann auch getan werden.
	• Alles, was gedacht wird, wird auch getan.
	• Jeder konstruiert seine eigene/n „Landkarte/n" im Kopf und hat damit seine ganz eigene Vorstellungswelt; von außen sind diese nur annäherungsweise für eine andere Person erfassbar; diese Annäherung ist über Kommunikation allenfalls teil-erreichbar; es kann also keine objektivierbare Realität geben (Radikaler Konstruktivismus)
	• Im sog. sozialen Konstruktivismus wird Realität durch Dialog, Kommunikation, Perspektiv-Wechsel und Perspektiv-Vielfalt ausgehandelt; wer Realität verändern will, muss die Kommunikation verändern (Watzlawick, 1976, S. 67)
Wertschätzung	• Be-wertungsfreie Akzeptanz des Gegenübers (Wertschätzung) einschließlich dieser seiner individuellen „Landkarten" und Ideen
Neutralität	• Die „Landkarten"/Ideen anderer werden mit einem neutralen, unvoreingenommenen Blick betrachtet.
	• „Neutralität" bezieht sich auf alles
	– Individuelle Veränderungsbereitschaft/Veränderungsfähigkeit
	– Die Tatsache, ob Veränderung letztlich stattfindet
	– Das Eigentempo jedes einzelnen
	– Das jeweilige soziale Umfeld
	– Wertesystem Ideen/Lebensentwürfe der anderen
	– Die Lösungsvorschläge
Allparteilichkeit	• Alle Beteiligten gleichermaßen empathisch im Blick zu haben
	• Sich in deren jeweilige Perspektive hineinversetzen und diese nachvollziehen zu wollen – nicht: diese zwingend auch zu teilen!
Respekt und Augenhöhe	• Respekt gegenüber Personen bei gleichzeitiger Respektlosigkeit gegenüber deren (verfestigten) Ideen.
	• Dieses Hinterfragen wird respektvoll vorgetragen.
	• Ein Respektieren und Achten auf Augenhöhe; also das Gegenüber als gleichwertig und ebenbürtig anzusehen und als solches zu achten.

Kongruenz Authentizität	• Speziell in der Kommunikation (verbal wie non-/paraverbal) • Im gesamten Verhalten

Eigenverantwortung/ Selbstverantwortung	• Eigenverantwortung für
	  – Die eigene innere Haltung
	  – Die eigene Kommunikation
	  – Das eigene Denken und Tun
	  – Herbeiführung von Veränderung/en
	• Selbstverantwortungsübernahme
	• Eigen-Initiative
	• Proaktives Vorgehen (Handeln)

Transparenz Offenheit Flexibilität	Dazu zählt • Kongruente authentische Kommunikation und • Offenheit für Neues, neue/andere Ideen (anderer) sowie • Perspektiv-Wechsel bei gleichzeitiger Augenhöhe mit dem Gegenüber
Respektvolle Neugier	Auf • Personen und ihre Ideen • Inhalte • Neues => respektvoll-neugierige, lern- und wissbegierige Grundhaltung • Basierend auf echtem Interesse sowie „kindlicher" Neugierde, • in allem etwas Interessantes, Spannendes, für künftige Lösungen Hilfreiches zu entdecken
Ressourcen-, Kompetenz-, Lösungs-, Zukunfts-Fokus	• Das (Klienten-) System verfügt über alle für eine Lösung nötigen Ressourcen; es gilt diese „nur" zu ent- und aufzudecken. • Systemisches Reframing • „etwas ist lediglich noch nicht ganz vollständig vorhanden" • „Futur II-Formulierungen"
Kontextabhängigkeit	• Einbeziehung des Kontextes einer Kommunikations-Situation in alle Überlegungen

**Zirkuläre Wechsel-
wirkungen/Wechsel-
wirkungs-Spiralen**

- Keine linearen Ursache-Wirkungs-Zusammenhänge, sondern
- konsequentes Denken in/Betrachten aller Interaktionen als
  – Zirkuläre/n und multi-komplexe/n Wechselwirkungs-Schleifen
- Systeme sind wie Mobiles. Ein Impuls setzt sich in den anderen Systembestandteilen fort. Denn nach
  systemischem Gedankengut hängt alles mit allem zusammen. Selbst trotz der auch systemischen Grundannahme, dass Systeme sich erst einmal selbst erhalten, bleiben Impulse nicht ohne Wirkung. Vielleicht nicht
  steuerbar, aber sie lösen etwas aus.

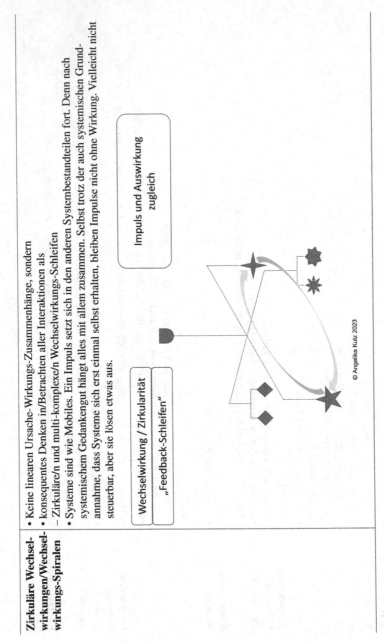

Impuls und Auswirkung
zugleich

Wechselwirkung / Zirkularität

„Feedback-Schleifen"

© Angelika Kutz 2023

Ganzheitliche Betrachtung

• Durch diese Wechselwirkungs-Spiralen hängt alles mit allem zusammen.
• Daraus folgt das Wissen um die Untrennbarkeit von (Re-) Aktion – eines ist immer durch das andere, die jeweiligen (inneren) Anteile/die eingenommenen oder zugewiesenen Rollen etc. und den Kontext (mit-) bedingt.

Alles hängt mit allem zusammen.

Rekursive Wechselwirkungen:
Alle Beteiligten, Intra-psychisch, Kontexte

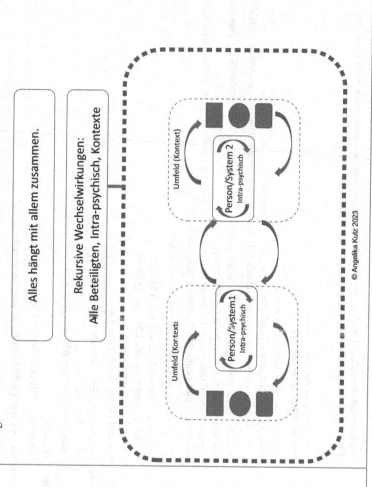

Umfeld (Kontext)

Person/System 2
Intra-psychisch

Person/System1
Intra-psychisch

Umfeld (Kortext)

© Angelika Kutz 2023

Achtsamkeit und Menschenfreund-lichkeit	• Achtsamkeits-basierte, Menschen- und Schöpfungs-zugewandte, wertschätzende, bedingungs-los und Vor-Urteils-frei-annehmende innere Grundhaltung und Menschenfreundlichkeit
Demütige Grund-haltung	• = sich nicht so wichtig nehmen • = sich selbst zurücknehmen
Humanistische Positive Psychologie	• Klientenzentrierte Herangehensweise • Konsequent beim anderen und seinen inneren Vorgängen sein • Also eine sich selbst zurücknehmende innere Haltung gegenüber allem und dem gesamten Umfeld
Empathie	• Flexibel in die jeweiligen Schuhe der anderen Beteiligten schlüpfen – (360° Rundumblick) plus bedingungs-los-wertschätzende Akzeptanz des Gegenübers • Entspricht im Grunde einer Art therapeutischen Grund-Haltung – in der (Psycho-) Therapie ist nach Carl Rogers die therapeutische „Beziehung" das, was heilt![1]
Gestalttherapie	*„Das Ganze ist mehr als die Summe seiner Teile"*
Das Wissen um	• „In jeder Krise steckt eine (Lern-) Chance". • Probleme sind maskierte Lösungs-Optionen. • Keine Lösung ohne Preis. • *Es gibt für alles einen guten Grund.*
Perspektiv-Wechsel	Ein ständiges (Ein- und Aus-) Üben von • Perspektiv-Wechsel • Alle Situationen aus mehreren Blickwinkeln betrachten
Win–Win-Denken	Maßstab: Hat es einen 360°Grad-Nutzen (für Mensch, Tier, Umwelt etc.?)
Und dadurch (sich selbst und sein Umfeld) fördernd und vorwärtsbringend	

[1] Stenzel und Berking in Berking & Rief (2012, S. 150).

Voraussetzungen dafür

- Menschenliebe (Positives Menschenbild; die menschliche Grundnatur ist gut)
- Geduld
- Empathie = die Fähigkeit,
  - Sich in andere hineinversetzen zu können und auch zu wollen
  - Ihren *guten Gründen*/Emotionen/psychologischen Mechanismen nachspüren und diese nachvollziehen zu wollen
- Akzeptanz
- Wissen darum, nicht alles kontrollieren zu können
- Haltung des
  - Loslassens
  - Auf-Sich-Zukommenlassens
  - Neugierig-beobachtenden Abwartens;
  - Speziell nachdem man einen Impuls an ein Gegenüber/in ein System gegeben hat
- offener, (be)wert(ungs)freier, vorurteilsfreier Blick auf alles
- Überzeugung, dass Dinge letztlich nicht plan-, aber im jeweiligen Moment gestaltbar sind
- authentisches
- wissbegieriges breitgefächertes und in die Tiefe gehendes, umfassendes
- eben **Komplexität begrüßendes** – *Interesse an bzw. am*
  - anderen und seinen Ideen
  - diversen neu zu erschließenden, Lern- und Themenfeldern aller Art und Inhalte
  - allen, einen selbst umgebenden „(Sub-) Systemen" – egal welcher Art oder Ebenen
  - gepaart mit dem Blick auf die darin ablaufenden diversen Wechselwirkungen.

Systemische ganzheitliche Sicht mit (inneren) Sub-Systemen (Anteilen) und Wechselwirkungen, welche jeweils Kontext- und Rollen-abhängig unterschiedlich sein können bzw. sich zudem kontinuierlich verändern.

Alles hängt mit allem zusammen

© Angelika Kutz 2023

Durch kontinuierliche Selbst-Reflexion und (selbst-) kritisches Hinterfragen der eigenen Antreiber und Kommunikations- sowie Handlungsweise in unterschiedlichen Rollen und Kontexten bewirkt eine Systemische Weiterbildung ausgeglichene, in sich ruhende, selbst-bewusste, charismatische, weil durch die Ausbildung „sich ihrer selbst bewusst gewordene" Persönlichkeiten.

Im Rahmen der Systemischen Haltung werden kontinuierlich eingeübt

- **Selbst-Erkenntnis/Selbst-Führung/Selbst-Management**
- **Selbstverantwortung**
- bedingungslos-wertschätzende Annahme des Gegenübers
- Perspektiv-Wechsel
- 360°-Beobachtung des Geschehens zwischen allen Beteiligten, inklusive der eigenen Person und ihrer Eigenanteile im Rahmen des Gesamtgeschehens, mit allen Interaktionen und Wechselwirkungen aus der Meta-Ebene heraus (also ein Blick von oben wie von einem Berg auf das Gesamtgeschehen)
- authentische Kommunikation auf Augenhöhe – mit egal wem
- Hinterfragung von Ideen und Systemen; „Könnte es nicht auch ganz anders sein?"
- Hypothesen zu den angenommenen *Guten Gründen* hinter dem jeweiligen Beobachteten.
- konsequente Ressourcen- und Lösungs-Orientierung in allen Lebensbereichen und -lagen
- Die Kombination aus Allparteilichkeits- und Neutralitäts-Haltung unterstützt eine ergebnisoffene Herangehensweise an Herausforderungen.

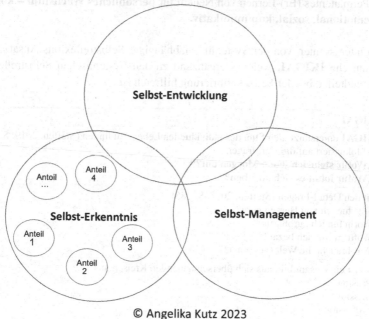

© Angelika Kutz 2023

5.2   Positiv-Folgen systemischer Haltung

Stetige **Selbst-Verbesserung** durch **Selbsterkenntnis** *(Self-Awareness)* und damit ein **permanenter Entwicklungs- und Reifungsprozess.**

[1] – Innere Klarheit durch Einüben der Systemischen Haltung und Selbst-reflexion
Durch die **konstante Selbst-Kalibrierung** im Rahmen der Systemischen Haltung entsteht

- **Innere Klarheit** und kontinuierliche (Selbst-)Weiter-Entwicklung **(Self-Development)**
- Permanentes (Er)-Lernen von Neuem für **persönliches Wachstum – kognitiv, emotional, sozial, kommunikativ.**

Ein interessanter, von der Systemik unabhängiger Selbstreflexions-Ansatz ist das Japanische **IKIGAI,** welches ergänzend zu den Systemischen Selbstreflexions-Bestandteilen bei der Selbstkalibrierung hilfreich ist.

IKIGAI

IKIGAI unterstützt, den Sinn des individuellen Lebens zu finden (Steffen, 2019, S. 283) und fokussiert auf die Kernfragen
- **„Wofür stehe ich jeden Morgen auf?"**
- **„Wofür lohnt es sich zu leben?"**

Mit den Detail-Fragen (Steffen, 2019, S. 285)
- Was tue ich von Herzen gern?
- Worin bin ich „großartig"?
- Wofür werde ich bezahlt?
- Was braucht die Welt (von mir)?

Ziel ist ein Gesamtbild aus sich überschneidenden Kreisen aus
- Passion
- Mission
- Profession
- Berufung

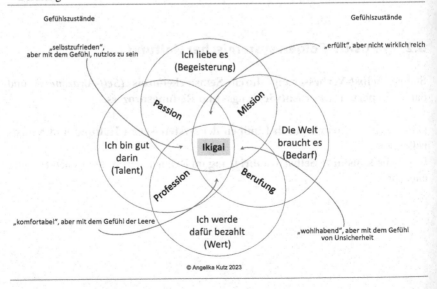

© Angelika Kutz 2023

IKIGAI bezeichnet den Idealzustand aus den jeweiligen besten Elementen der Kreis-Überschneidungen. Wer **IKIGAI erreicht** hat, ist sozusagen **in** seiner **Mitte**, bei seinem **innersten Kern angekommen und geerdet.**

Motivation und Volition – Was bei der Lebens-Visions-Entwicklung wirklich hilft

Zu diesem **inneren Wesens-Kern,** der eigentlichen **Motivationsgrundlage,** lässt sich mithilfe der Systemik und damit verbundenen kontinuierlichen Weiterentwicklung vordringen
* Was will ich wirklich?
* Was ist mir wirklich wichtig?/Worauf kommt es mir wirklich an?
* Womit möchte ich meine Lebenszeit sinnvoll gestalten?
* Daraus ergeben sich eine klare Linie („Leitplanken") und
* **Lebens-*Vision***
* Die unten beschriebene Positiv-Spirale wird ausgelöst.
* Der (Lebens-) Weg wird automatisch klar.

Frei nach der Weisheit aus dem „Alchimisten" (Coelho, 2021)

„Wenn Du etwas wirklich und von ganzem Herzen willst, wird sich das ganze Universum in Bewegung setzen und Dich dabei unterstützen, dass Du es schaffst."

Denn es gibt nach Überzeugung der Systemiker keine „Zufälle". Lediglich Vorbereitungen, die auf Gelegenheiten treffen, was nichts anderes als Systemische Wechselwirkungen sind.

Oder auch nach dem Motto: „Sei Du selbst, alle anderen gibt es schon".

Für die weitere Umsetzung dieser Lebens-Vision braucht es **Volition, die bewusste und willensbasierte Selbst-Steuerung zwecks Ergebnis-Erreichung. Letztlich Willenskraft, Selbstregulierung** oder **Umsetzungskompetenz.**[2]

Die auf der systemischen Selbstverantwortung beruhende **Selbstdisziplin** unterstützt zusätzlich.

Die solchermaßen **ausgerichtete innere Kompassnadel schafft innere Klarheit** und legt die **Basis für klare, eindeutige, authentische Botschaften** – sowohl an sich selbst als auch nach außen –, welche respektvoll, wertschätzend und auf Augenhöhe ausgesendet werden, um diese Ziele zu erreichen.

Dies **ermöglicht** ein **situations-flexibles Verhaltensrepertoire** auf Basis der inneren (Selbst-) Sicherheit.

Verbunden damit ist eigene **Rollenklarheit,** das Wissen um die Kontextabhängigkeit der jeweilige(n) Rolle(n), und dass wir alle mehrere Rollen haben – evtl. sogar in demselben Kontext – und wie diese Rollen interagieren oder sich ggf. gegenseitig behindern.

---

[2] Pelz (2017); Brandstätter, Schüler, Puca, Lozo (2013).

Beispiele
- Berufliche Rolle: Mitarbeiter, Teammitglied, (Sandwich-) Führungskraft etc.
- Private Rolle: (Ehe-) Mann/Freund, Vater, Bruder, Sohn/(Ehe-) Frau/Freundin, Mutter, Schwester, Tochter etc.
- Private Rollen in Freundschafts- oder Vereins-Kontexten etc.: Vertraute(r), Kassenwart, Vorstand etc.

Rollenklarheit führt zu jeweils kontextangepasstem/-angemessenem (Kommunikations-) Verhalten.

[2] – Systemische wertschätzende Kommunikation – auch mit sich selbst
Kommunikation und Verhalten sind jeweils Ausdruck innerer Haltung und Denkweisen. Durch eine **innere Haltungsänderung hin zur Systemischen Haltung verändern sich** damit auch die **Sprachmuster** – nach innen wie nach außen.

Für systemische wertschätzende Kommunikation sind abzustellen:
- Vergiftete => vergiftende, toxische, unauthentische paradoxe (Double Bind-) Kommunikation
- Zynismus, Sarkasmus, ständige Unzufriedenheitsäußerungen

Stattdessen ist basierend auf der Systemischen Haltung die **Verantwortung für die eigene Kommunikation zu übernehmen.**

Dazu gehört, **ganz bewusst den Fokus auf** die vorhandenen **Ressourcen,** also **darauf** zu legen, **was** an Positivem und Funktionierendem **schon** vorhanden ist und **gut funktioniert.**

Dies schafft durch zunehmend wertschätzend-unterstützende Kommunikation in jedem Kontext eine **Vertrauensbasis zwischen** allen **Inter-aktionspartnern,** stärkt die gegenseitige Unterstützung im sozialen Miteinander für die diversen Herausforderungen und ist gleichzeitig die Basis für eine veränderte und das Umgebungs-System dadurch verändernde, impulsgebende Kommunikation mit allen in der Positiv-Spirale (siehe unten) beschriebenen Positiv-Folgen.

Wertschätzende Kommunikation im Sinne der Systemik bedeutet also **360°-kongruente, transparente, empathisch-wertschätzende Systemische Kommunikation und authentisches Fair-/Verhalten** – gegenüber sich selbst und allen anderen.

[3] – Achtsamkeit und Empathie – sich selbst und anderen gegenüber
Damit trotz wertschätzender Kommunikation kein „Aneinandervorbei-Monologisieren" stattfindet, ist zusätzlich 360°Grad-Achtsamkeit und Empathie wichtig.

Denn für **echten Dialog** ist zusätzlich zu **Achtsamkeit** (= „den anderen zu achten", „jemandem Achtung zollen", „aufeinander-achten") **aktives Zuhören nötig, wofür** wiederum **Empathie**, also die Fähigkeit, sich in den Gesprächspartner hineinzuversetzen und seine Gedanken und Gefühle erfassen und nachvollziehen zu können (und zu wollen), **unabdingbar ist.**

Empathie

Dazu gehört

Empathie gegenüber sich selbst
• Was brauche ich, um mich wohlzufühlen?
• Was ist mir wirklich wichtig?
• Was brauche ich selbst, um gut leben und arbeiten zu können?

Empathie gegenüber anderen
• Welcher *gute Grund* könnte hinter dem Verhalten des Gegenübers stecken?
• Was könnten seine/ihre (berechtigten) Interessen sein?
• Diese wertfrei betrachten.

Zusätzlich hilfreich für die empathische Einfühlung in die Vorstellungswelt anderer ist neben der von Goleman (2000) eindrücklich beschriebenen sog. **Emotionalen Intelligenz,** das **Systemische Wissen** um die **jeweils individuellen, von außen nur bedingt erfassbaren „Landkarten" im Kopf.** Dadurch wird es selbstverständlich, diese Ideen-Welt respektvoll-achtsam durch wertschätzende Kommunikations-Interaktion zu erkunden und nicht seine jeweils eigenen Vorstellungswelten und Ideen als die allein-gültigen zu begreifen bzw. vorauszusetzen.

360°-Wertschätzende Kommunikation / Achtsamkeit / Empathie
Gegenüber sich selbst und allen/m anderen

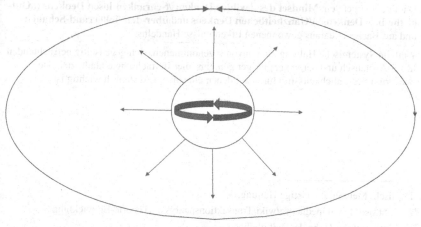

© Angelika Kutz 2023

[4] – Mindset[3] der respektvollen Neugier und Offenheit für Neues – kontextunabhängig
ist für die Herausforderungen durch VUCA/BANI hilfreich und bedeutet, sich die **kindlich-spielerische Neugier** zu **erhalten und gleichzeitig** mit respektvoll-wertschätzender Kommunikation **auf Augenhöhe und** damit „erwachsen" zu agieren. Sich also auf der Ebene des Transaktions-Analyse-Ich-Zustande „Erwachsenen-Ich"[4], sprich der sog. **Sachebene** zu bewegen.

Dazu gehören

- **Lernagilität**
- **Mindset des flexiblen Denkens und Agierens/Agiles Mindset generell**
- eine von mir als **Ausprobier-Experimentier-Haltung** bezeichnete innere Einstellung.

Lernfreude/Lernaffinität Lernagilität => Up-to-date[5] bleiben – auf allen Gebieten

Denn: „Gehst Du nicht mit der Zeit, dann gehst Du mit der Zeit".

Mindset des flexiblen Denkens und Agierens/Agiles Mindset generell

Durch das Erlernen der Systemischen Haltung im Rahmen der Systemischen Weiterbildung ist der Einzelne darin trainiert, sich kontinuierlich und sehr schnell auf sich wandelnde Kontexte, Gruppenzusammensetzungen, die individuellen Besonderheiten der Gruppen-Mitglieder und die mit diesem ständigen Wandel verbundenen Herausforderungen einzustellen, sich zu ihnen zu ver-/fair-halten und auf diese wechselnden Umstände einzustellen.

Damit einhergeht ein **Mindset des flexiblen Denkens/Schranken-losen Denkens („Out-of-the-box-Denkens")/Ganzheitlichen Denkens und über-den-Tellerrand-Schauens** und auf Basis der daraus gewonnenen Erkenntnisse Handelns.

Weil die Systemische Haltung zum unvoreingenommenen, sich gegenseitig befruchtenden Ideen-Austausch und deren neugieriger gemeinsamer Betrachtung einlädt, zieht sie wiederum Persönlichkeitsstrukturen an, denen ein solcher Austausch wichtig ist.

---

[3] Englisch: Mentalität, geistige Haltung.
[4] Z. B. https://de.wikipedia.org/wiki/Transaktionsanalyse; „Theorie-Entwicklung".
[5] Englisch: auf der Höhe der Zeit bleiben.

Einfach mal probieren: die *Ausprobier-Experimentier-Haltung – privat wie beruflich*

$$2 + 3 = 5$$

$$7 + 3 = 10$$

$$3 \times 3 = \cancel{12}$$

$$18 + 3 = 21$$

$$30 - 5 = 25$$

© Angelika Kutz 2023

Wenn Sie diese Abbildung anschauen – Was ist Ihr erster Gedanke?

Viele fokussieren sofort auf das durchgestrichene Ergebnis.

Seit frühester Kindheit sind wir darauf gepolt, sofort zu sehen, was *nicht* funktioniert (in der Abbildung die eine nicht richtige Gleichung), statt – worauf die Systemik fokussiert – die Ressourcen, also das, was bereits gut funktioniert, wahrzunehmen und mit dem schon Vorhandenen als Basis anzufangen zu arbeiten.

Mithilfe der Systemischen Haltung gelingt eine entsprechende Umprogrammierung dieser Konditionierung.

Systemische Herangehensweise
Schritt 1
Neutral betrachten – was nehme ich wahr
—> 4 Gleichungen sind nicht durchgestrichen;
=> 1 enthält ein rotes Kreuz auf der rechten Seite

Schritt 2
Ressourcen-Fokus einschalten: was ist an Funktionierendem schon vorhanden?
=> 4 korrekte Gleichungen

Systemisches Reframing für „Fehler" => *Helfer*

=> Fehler sind also Lern-Helfer und Lernchancen
=> Sometimes we win, sometimes we learn[6]...

FEHLER (!) HELFER

© Angelika Kutz 2023

---

[6] Englisch: „Manchmal gewinnen wir, manchmal lernen wir...".

Ohne Fehlversuche gibt es **keine (Weiter-) Entwicklung.**

Auf dieser Basis werden Herausforderungen und sogar Krisen als Lernchance betrachtet.

Mein Vorschlag für ein systemisches Reframing lautet

„Ausprobier-Experimentier-Versuche mit kontinuierlichem Verbesserungspotential"

So findet ein **Umdenken von** einem **Vergangenheits- und Problemfokus weg, hin zu** einem **Zukunfts- und Zielefokus** statt. Dies beinhaltet zudem das Systemische Wissen darum, dass **Ergebnisse und Lösungen im Grunde nicht klar vorhersehbar, vorhersagbar, steuerbar sind.**

Kinder probieren – sich, ihr Umfeld, ihre Umwelt – **aus** und schauen, was dabei rauskommt – dadurch lernen sie. Wenn sie beim Laufenlernen „umplumpsen", stehen sie wieder auf und probieren einen anderen Weg, es doch noch zu schaffen; und üben solange bis sie es richtig gut können.

Weil sie Spaß daran haben, etwas Neues zu (er-) lernen

Kinder kommen gar nicht auf die Idee, einen noch nicht ausgereiften Versuch im Rahmen ihres persönlichen Experimentes als „Fehler" zu deklarieren. Diese Bedeutung wird ihnen von anderen, von außen zugewiesen. Speziell in Schulzeiten.

→ Ausprobier-Experimentier-Mentalität plus Wissensdurst aus der Kindheit reaktivieren

Viele „IT-ler" und Softwareentwickler haben sich diese im positivsten Sinne kindlich-neugierige Lernbegierde erhalten und sind genau deswegen so gut in dem, was sie tun.

Gerade in **IT-Kontexten** ist die Kombination aus **„out-of-the-box-Denken"** (also **„schrankenloses" Denken**) und **Experimentierfreude** zusammen mit **iterativer/m MVP-/CIP[7]-Haltung/Mindset** essentiell für Weiterentwicklungen.

Zur Positiv-Wirkung im Berufsumfeld siehe: Tandem-*essential.*

Für ein Bestehen in der VUCA/BANI- und KI-Welt mit all ihren Unwägbarkeiten und heute nicht mehr möglichen „vorgefertigten" Lösungsoptionen, ist genau diese – Systemische – Haltung der kindlichen respektvollen Neugier extrem hilfreich bzw. überlebensnotwendig.

Denn die Systemische Haltung trägt zu einer „federnden" Flexibilität und Leichtigkeit und fast spielerischem Umgang mit Unwägbarkeiten und Veränderungen aller Art bei.

---

[7] **MVP** = **M**inimum **V**iable **P**roduct (= ein erster Grobentwurf in der Software-Entwicklung, welcher im Weiteren stetig, iterativ und meist mit agilen Methoden weiterentwickelt wird);

CIP = **C**ontinous **I**mprovement **P**rocess = Kontinuierlicher Verbesserungsprozess (KVP).

[5] – Systemik fördert Win–Win-Denken

Niemand kann in dieser vernetzten, komplexen, globalisierten VUCA/BANI-Welt alle notwendigen Abwägungen alleine vornehmen, die „allein richtige" Entscheidung treffen.

Die **Systemische Haltung ermöglicht mit ihrer ganzheitlichen Sicht,** alle **vorhandenen Ressourcen** zu sehen, (an)zuerkennen, zu wertschätzen und **zu einem wirkmächtigen Gesamt-Know-How zusammenzubringen,** um gemeinschaftlich, für alle **gewinnbringende (win–win-) Lösungen** zu entwickeln.

Im **Berufsumfeld fördert dieses Systemische Win–Win-Denken eine bereichsübergreifende Zusammenarbeit** und **wirkt dem** speziell in VUCA/BANI-Zeiten so kontraproduktiven sog. *Silo-Denken* **entgegen.** Details im Tandem-*essential.*

5.3   Positiv-Folgen-Dreiklang: Selbst-Erkenntnis – Selbst-Führung – Selbst-Management

Systemische Haltung bewirkt kontinuierliche/s

- **Selbstreflexion** (Self-Awareness), **Selbst-Erkenntnis** und **Selbst-Entwicklung** (Self-Development)
- **Selbst-Führung** (Self-Leadership)
- **Selbst-Management** – rational wie emotional – beruflich wie privat – mit **Selbst-Disziplin** und **Selbst-Verantwortung**

und **daraus resultierende psychologische Selbst-Sicherheit und Selbstwert-Steigerung.**

All dies **befähigt zu situationsangemessenem und situationsflexiblem Kommunikations-, Verhaltens- und Handlungs-Repertoire.**

Psychologische Sicherheit ist gerade bei den changierenden VUCA/BANI-Bedingungen besonders nötig, weil dann innere, mentale Vorbereitung auf „von außen" kommende Veränderungen (Constant Change) leichter fällt.

Konkrete Handlungs-Optionen für durch Systemische Haltung wirklich resiliente Personen

Der folgende **optionale Maßnahmen-Koffer** ist individuell auf seine unterstützende Wirkung auszuprobieren => **Ausprobier-Experimentier-Mindset.**

Leitgedanke

- Sich entscheiden gegen „Selbst-Strangulierungs-Overkill" – was ist dafür abzustellen
- Sich entscheiden für ganzheitlichen Gesundheitsfokus – was ist stattdessen zu tun

um auf Basis des Systemischen Wertesystems unter Einschluss des Umfeldes, der Umwelt, Natur und Ressourcenschonung – um der gesamten Schöpfung Willen und um selbst ganzheitlich-nachhaltig in ihr gesund zu sein

Einer der wichtigsten Begleiter: das systemische *„Ich entscheide mich für..."*.

6.1 Selbst-Erkenntnis (Self-Awareness)

[1] – Denkfallen und destruktive Muster durch hilfreiche Dialoge/Autosuggestionen ersetzen

Denkfallen abstellen

Denkfallen nach Mourlane (2013, S. 144)
- Katastrophisieren
- Minimieren/Maximieren

A. Kutz, *Systemik für ganzheitliche Resilienz im permanenten Wandel der agilen VUCA/BANI-Welt*, essentials, https://doi.org/10.1007/978-3-658-43006-1_6

• Gedanken lesen
  – Watzlawicks Geschichte mit dem Hammer (Watzlawick, 2007)
  – „der andere denkt jetzt bestimmt…"
• Emotionales Argumentieren

Verfestigte Ideen, Muster, Glaubenssätze, Fremdaufträge, Antreiber verflüssigen & abstellen

➜ Ist etwas das *eigene* Ziel oder wessen (Fremd-) Auftrag wird gerade erfüllt?
➜ Für welche unbalancierten Sachse-Motive wird (immer noch) Ersatz und Substitut gesucht?

Mögliche innere Antreiber/Glaubenssätze:
• „Nur wenn ich es selbst mache, ist es richtig."
• „Ich darf niemals Gefühle zeigen."
• „Konflikte sind unbedingt zu vermeiden."
• „Ich muss immer für alle dasein."
• „Ich muss immer mein Bestes geben."
• „Ich muss immer und auf allen Gebieten perfekt sein."
• „Alle müssen mich respektieren."
• „Nur wer etwas leistet, ist etwas wert."

Destruktive innere Dialoge abstellen

• Ich Idiot.
• Wie blöd bin ich denn.
• Sowas passiert immer nur mir.
• Diese Prüfungen schaffe ich nie.
• Alles ist so schwierig.
• Das ist mir zu kompliziert.
• Das ist so anstrengend.
• Ich breche unter der Arbeitslast zusammen.
• Person xy ist ein Albtraum.
• Ich bin total überfordert.
• Ich halte diesen Stress nicht durch.
• Ich bin nur Durchschnitt.
• Ich bin nicht gut genug dafür.

Stattdessen:
auf Basis der Systemischen Haltung empathisch-liebevolle, konstruktive, resiliente innere Dialoge und Denkstrukturen gegenüber sich selbst und allen/m anderen etablieren.

Resilienz-Denk-Stil[1] implementieren/praktizieren

„Ich – nicht alles – nicht immer"

* **Ich** – habe es in der Hand, kann gestalten
* **Nicht alles** – etwas trifft nicht „generell" zu, sondern in einem speziellen Fall/Kontext („dieses Mal" und beim nächsten Mal ist es wieder anders – auch durch mein Zutun („Ich")
* **Nicht immer** – sondern
  * manchmal passiert mir dieses/jenes,
  * bisher ist dieses/jenes Angestrebte lediglich *noch* nicht eingetreten

---

Dies **entspricht** der **Systemischen Herangehensweise** mit
* **Selbstverantwortung** – ich habe es in der Hand, kann steuern: Selbstmächtigkeit
* **Kontextabhängigkeit** – unterschiedliche Kommunikation, Verhalten, Rollen, Umstände
* **Ausnahmen/Unterschiede finden** – wann war es schon einmal anders/was habe ich dann anders gemacht?

Hilfreiche innere Dialoge	Hilfreiche äußere Dialoge
Kommunikation mit sich selbst	**Kommunikation mit anderen**
• *Ich kann, ich will, ich werde…* • Positive „Selbstgespräche" • Selbst-Programmierung auf Gelingen der eigenen Aktionen • Unterstützende innere Dialoge • „Egal, was passiert, ich kann damit umgehen."	• Nicht-systemische Formulierungen im eigenen Umfeld freundlich „reframen"[2] • Verbal/non-/paraverbal authentisch

Das Faszinierende: das Gehirn macht, was man ihm sagt. Es ist so „programmiert", dass es in unserem Sinne, also für uns arbeitet, es kann nicht gegen uns arbeiten[3].

Wenn wir ihm also sagen, „es" solle jetzt in Richtung „a" gehen, wird das Gehirn über entsprechende Befehle dafür sorgen, dass der Körper in Richtung „a" gelenkt wird.

---

[1] Mourlane (2013, S. 150).

[2] Beispiel:
Person 1 zu Person 2: „Was kann ich gegen Dich tun?"
Person 2 zu Person 1: „Gemeint ist sicher, „was kann ich für Dich tun", korrekt?".

[3] https://www.youtube.com/watch?v%3DzCv-ZBy6_yU; Marisa Peer über Wirkweisen des Gehirns; Login: 29.07.2023.

Ein weiterer entsprechender Aspekt ist unten unter *Futur II-Zielsetzungen* beschrieben.

Ausbalancierte Sachse-Beziehungsmotive führen zudem zu kongruenter, transparenter, souveräner Kommunikation und entsprechend authentischem Interaktions-Verhalten.

Es ist also wichtig, liebevoll mit sich selbst und anderen umzugehen und positive innere und äußere Dialoge zu etablieren.

Denn der bei allen alles bestimmende Wunsch ist letztlich der nach bedingungsloser Annahme, Akzeptanz, Fürsorge und Liebe (Sachse, 2000).

Behält man dies im Hinterkopf, wird auf Basis der Systemischen Haltung und der damit einhergehenden bedingungslosen Akzeptanz des Gegenübers jede Kommunikation leicht.

Resilienz-fördernde/-steigernde Auto-Suggestionen trainieren

Nach Émile Coué liegt die Heilkraft in jedem einzelnen durch entsprechende gedankliche Programmierung selbst (**Selbstheilungskräfte, -fähigkeit**).

Die Ähnlichkeit zum systemischen konstruktivistischen Grundgedanken *Sprache konstruiert Wirklichkeit* liegt auf der Hand.

Sein wohl berühmtestes Beispiel für eine (**selbst-**) **heilende Autosuggestion** lautet:

„Es geht mir mit jedem Tag in jeder Hinsicht immer besser und besser!"[4]

Diesen soll man sich morgens beim Aufwachen und abends beim Einschlafen mehrfach halblaut, aber so hörbar, dass er im Gehirn verankert wird, aufsagen; **wie eine Art Mantra**. Dadurch geht er in das Unterbewusstsein über und kann seine positive Wirkung entfalten.

Eine weitere stressreduzierende Form von Autosuggestion ist **Autogenes Training** Dabei wird – ebenfalls über die Sprache – mithilfe von mehrfach wiederholten Sätzen eine schrittweise Beruhigung des Geistes und Körpers mit dem Dreiklang herbeigeführt
• **Schwere** => Sätze, dass Extremitäten ganz schwer sind
• **Wärme** => Sätze, dass Extremitäten ganz warm sind
• **Ruhe** => Sätze, dass Extremitäten ganz ruhig sind

und der Schlussformel des autosuggestiven Satzes: **„Ich selbst bin ganz ruhig und entspannt."**
Eine Art **autosuggestive Körper-Meditation** von außen nach innen.

---

[4] https://de.wikipedia.org/wiki/%C3%89mile_Cou%C3%A9; Login: 29.07.2023.

[2] – Substitute-Detox[5] – von außen nach innen und umgekehrt

• **Substitute** gibt es **auf äußerer Ebene** – Gegenstände, (vermeintliche) Wert-Sachen.

• **Substitute** gibt es auch **auf innerer Ebene** – Ersatzhandlungen, Kompensations-Verhalten, um unbewusst dahinterliegende, unbefriedigte seelisch-innere Bedürfnisse (z. B. Sachse-Motive) vermeintlich zu erfüllen, was in Wahrheit allerdings lediglich ein „Ruhigzustellen" unter Zuhilfenahme von Substituten ist.

Bei ersterem hilft **Minimalismus und Reduktion auf das Wesentliche, beim zweiten Systemische Haltung und Herangehensweise zur kontinuierlichen Selbst-Kalibrierung.**

Wegen der Systemischen Wechselwirkungen funktionieren nach meiner Einschätzung beide Richtungen

Von äußerer Klarheit zu innerer Klarheit.
... und gleichzeitig ...
Von innerer Klarheit zu äußerer Ordnung, Struktur und Klarheit.

---

[5] Substitut = Ersatz für; Detox = Entgiftung; (innere) Reingung.

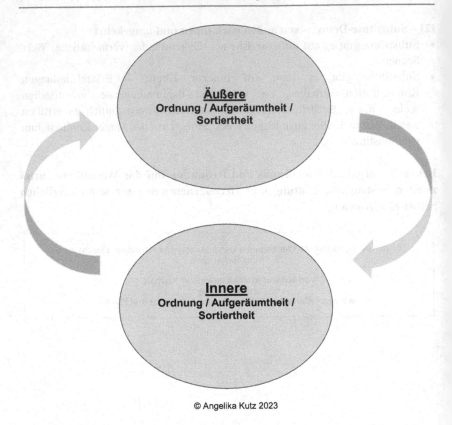

© Angelika Kutz 2023

Äußere Klarheit/Ordnung führt zu Priorisierungen, weil man den Überblick hat und behält.

Innere Klarheit und „Aufgeräumtheit", also seine Lebens-Vision zu kennen, unterstützt dabei, alles wegzulassen, sich von allem – äußerlich und innerlich – zu trennen und zu befreien, loszulassen, was diesem Lebens-Ziel im Weg steht, es sogar verhindert.

Minimalismus und Reduktion auf das Wesentliche
als Anti-Pattern[6]/Gegengift zu/gegen Reiz- und (medialer) Informations-Überflutung

---

[6] Gegen-Muster; Gegen-Entwurf.

unterstützt den Mechanismus von äußerer zu innerer Klarheit durch
• alles Überflüssige weglassen – und man stellt fest, wie wenig man – überhaupt – benötigt!
• stringente Ordnung in Papier- und Digital-Versionen; gleiches wird gleich strukturiert
• weniger ist mehr
• beim Aussortieren: Ressourcen-Schonung durch
– Spenden nicht mehr benötigter Dinge an Bedürftige, Museen, Sammler
– Recycling
• selbst steuern – statt sich von den Dingen beherrschen zu lassen

Systemische Haltung unterstützt den Mechanismus von innerer zu äußerer Klarheit durch
• selbst-reflektierte freie Sicht auf das, was einem wirklich wichtig ist,
• ein damit zusammenhängendes Abwerfen psychischen Ballasts,
• darauf fußende Klarsicht, was von äußeren Dingen wirklich (noch) benötigt wird,
• – und man stellt fest, wie viele Dinge Substitut für irgendetwas anderes sind.
• selbst am Steuer des eigenen Lebens sitzen.

Sinnvolle Unterstützung dabei: Bücher[7] und/oder Systemische/s Beratung/Coaching

> **Resilienz ist also auch die Kunst des klugen Weglassens.**

Eng zusammen mit der Reizüberflutung durch übermäßige Information und Aufmerksamkeit-erheischende Werbung hängt – wie ich nenne es – das **aktuelle Zeitalter der Inflation** oder **inflationäre Zeitalter**.

Durch die zwecks Gewinnmaximierung auf Massenproduktion mit dem dazugehörigen Konsumwahn auf nahezu allen Gebieten setzende Wegwerfgesellschaft und der damit verbundenen Entwertung und letztlichen Werteverfall geht maximalbrutale Ausbeutung und Vernichtung aller Schöpfungs-Ressourcen einher.

Alles ist damit inflationär und wird dadurch „wertlos", verliert fast minütlich an Wert, weil es zur Wertlosigkeit degradiert und verdammt wird und nichts und niemandem mehr ein Wert zuerkannt bzw. zugestanden wird. – Höchstens noch unter dem schiefen Aspekt: „Hat dies oder jenes, dieses Tier, dieser Mensch einen *Mehr*wert für mich."

Dieser Wegwerfgesellschaft bzw. **Gesellschaft der Wertearmut mit kontinuierlicher Entwertung gilt es, die systemischen humanistischen, ressourcen-schonenden Grundwerte entgegenzusetzen.**

---

[7] Kondo (2013)/Küstenmacher (2008).

Äußerer Minimalismus findet also Unterstützung in dem **klaren „Nein" zum Zeitalter der Inflation.**
Und wir müssen uns endlich ernsthaft die Frage stellen, in welcher Gesellschaft wir leben wollen.

Die bereits 1979 von Erich Fromm zusammengestellten Aspekte einer menschen-, ressourcen-, Umwelt- und Schöpfungs-freundlichen Gesellschaft werden durch aktuelle Ereignisse immer weiter konterkariert anstatt den schon zum damaligen Zeitpunkt angemahnten Weg der Umkehr – endlich ! – zu gehen.

Mithilfe der Systemischen Haltung und Herangehensweise besteht – wenn überhaupt – eine Chance, diesem heilsamen veränderten Weg näher zu kommen.

Wie von mir bereits in allen meinen vorangegangenen *essentials* **gefordert, setzt** dies allerdings **eine von allen ! getragene Umkehr im Denken und Handeln voraus.** Trotz der sich leider anders darstellenden aktuellen Entwicklungen bleibt die Hoffnung auf eine genügende Anzahl **Um-Denkender** für eine noch rechtzeitige Umkehr. Denn wer aufgibt, hat schon verloren!

Seien Sie stattdessen also wählerisch – weil Sie es sich wert sind.

Wählen Sie das, was auf Basis der Systemischen Wertehaltung wirklich wichtig ist, und verleihen diesem wieder einen wahren Wert – und nicht bloß einen Waren-Wert!

[3] – You've got the Choice[8] – Jederzeit –

Also: „Love it, Change it or Leave it"[9]

– nicht unbedingt neu – dafür unglaublich wirksam –

=> daher prüfen, ob
• man sich für eine Sache begeistert,
• nicht wunschgemäße Umstände durch einen selbst veränderbar sind, und
• sich bei fehlender Einflussmöglichkeit dafür entscheiden, es sein zu lassen.

---

[4] – Klare Unterscheidung zwischen Veränderbarem und Nicht-Veränderbarem
Dabei hilft eine **konsequente Unterscheidung zwischen Beeinflussbarem und Nicht-Beeinflussbarem.**

---

[8] Englisch: „Sie haben die Wahl".
[9] „Liebe es, verändere es oder lass es bleiben"; bezogen auf Tätigkeiten, Zustände, Lebens-Situationen etc.

Auch dieses Wissen gibt es schon eine Weile

*„Gott gebe mir die **Gelassenheit**, Dinge hinzunehmen, die ich nicht ändern kann,*
*den **Mut**, Dinge zu ändern, die ich ändern kann,*
*und die **Weisheit**, das eine vom anderen zu **unterscheiden**."*[10]

Dies ist eng verwoben mit der Systemischen **Haltung des Loslassens** als Ausfluss des Systemik-Grundsatzes der Selbstverantwortung und **Akzeptanz-Haltung** bei **gleichzeitiger Selbstwirksamkeitsüberzeugung:**

* worauf habe ich wirklich Einfluss?
* kann ich es jetzt für die Zukunft verändern, gestalten?
* Loslassen von Nicht-(mehr)-Veränderbarem.

Akzeptanz ist nicht Passivität. Es ist die **Fähigkeit, mit den vorhandenen Ressourcen** (die man aufgrund der Systemischen Ressourcensicht kennt und wertschätzt) **das Beste aus einer Situation zu machen. Basis für diese Quelle innerer Stärke ist die Systemische Haltung.**

6.2 Disziplinierte Selbst-Führung (Self-Leadership)

als eine weitere Resilienz-Facette.
Dafür sind **abzustellen:**

* eingerichtete Saturiertheit/saturierte Eingerichtetheit
* Konsumentenhaltung
* („Zuboff-sche"[11]) Bequemlichkeitsfalle
* Flat-Rate-Mentalität,

um stattdessen **Selbst-Verantwortung** zu übernehmen **für** die eigene

* Systemische Haltung
* Kommunikations-
* Verhaltensweise.

---

[10] Reinhold Niebuhr.
[11] Zuboff (2018), siehe Literaturhinweise.

Dem liegt zusätzlich der Systemik-Grundsatz: *„Keine Lösung ohne Preis"* zugrunde. Anstrengung ist der Preis für Erfolg und Zielerreichung – auch und gerade im Persönlichkeits-Entwicklungsbereich.

[1] – Abstellen: Informations-, Medien- und damit Reizüberflutung & Anti-Soziale Medien

Selbst-Führung umfasst diverses *Nein-Sagen* (siehe auch 6.3 [1]), was beim Priorisieren unterstützt – also beim Weglassen all dessen, was unwichtig (geworden) ist. Dabei hilfreiche Schritte sind:

Informations-, Medien- und Reiz- (Über) Flut(ung) abstellen

Sämtliche Medien, sogar manche seriöse, sind ob der Masse der Informationskanäle und Anbieter darauf angewiesen, die Aufmerksamkeit der Zuseher/Zuhörer zu erreichen und dann möglichst lange auf ihrem jeweiligen Medium zu halten.

Dafür verwenden sie diverse psychologische Kniffe, welche z. B. mit unseren Spieltrieben (aleatorische Reize), also mit unserer von Natur aus gesunden, kindlich-spielerischen Neugier oder künstlichem Spannungsaufbau arbeiten.

Dadurch wendet sich diese unsere positive Veranlagung zur Neugier, welche die Triebfeder für Lernen ist, allerdings durch mentale Überforderung gegen uns.

Denn durch die schiere Masse und die damit eingehenden Wahlmöglichkeiten in Kombination mit diesen unbewusst ablaufenden psychologischen, unsichtbaren Kniffen, „strangulieren" wir uns durch den dadurch verursachten Stress selbst, weil es unsere Gehirnkapazitäten erschöpft (Korte, 2023).

Übermäßiger Gebrauch sog. „sozialer" Medien, Handys, Tablets, TV, Messanger Dienste sind also in Schach zu halten und wo immer möglich ganz abzustellen – vor allem ein gleichzeitiges Benutzen mehrerer Bildschirm-Medien – Smartphone & TV –, sog. *Second Screen Behaviour* (Korte, 2023).

Dasselbe gilt für das Berufsumfeld, wo an vielen Stellen inzwischen mit zwei Bildschirmen gearbeitet wird. Das Gehirn kann nur eine Sache zugleich; alles andere bedeutet permanenten Aufmerksamkeits-Wechsel und ermüdet. Siehe *„Multitasking ist ein Mythos"* unten.

→ Sich stattdessen für Freiheit und (medien-) freie (Frei-) Zeit zu entscheiden und damit gegen ein Beherrschtwerden durch diese diversen (digitalen) Medien.

Anti-Soziale Medien ausbremsen/ignorieren

Sog. „soziale Medien" sind alles andere als sozial,
sondern hochgradig anti-sozial.
(vgl. Zuboff, 2018)

Denn sie verhindern echte soziale Beziehungen, weil sie lediglich Substitute für echte Beziehungen bzw. Schein-„Beziehungen" sind. Schlimmstenfalls zerstören sie zwischenmenschliche Beziehungen durch die Befeuerung/Duldung von Gruppendynamiken und Cybermobbing.

Um in diesem Dschungel einen klaren Kopf und saubere Urteilsfähigkeit zu behalten, sind diese anti-sozialen Medien in Schach zu halten und die Steuerung dieser Instrumente in der Hand zu behalten.

=> dafür deren technische Einstellungen so wählen, dass alle überflüssigen Benachrichtigungen („alerts") abgestellt sind, um die Menge überschaubar zu halten.

Was Selbst-Disziplin und Energie kostet, zumal man der Versuchung leicht erliegt, diese mit der Zeit und durch Ermüdung dann doch nicht mehr aufzubringen und den „Dauerbombardements" auf unsere Dopamin-Mechanismen – einschließlich der von Zuboff (2018) so eindrücklich beschriebenen „Bequemlichkeitsfalle" – zu erliegen.

Da ist es wieder, das konsequente Nein-Sagen (siehe 6.3 [1]).

Wichtig ist also, sich jeweils vor und während des Gebrauchs dieser sog. „Dienste" zu fragen
• Wer dient hier wem?
• Steuere ich noch oder werde ich gesteuert?
• Wobei und wie kann ich hier etwas bewusst und in meinem Sinne steuern!?

Hinzu kommt, dass dies alles noch mindestens gedoppelt auf uns einprasselt – privat und beruflich.

Über Sportvereine, Musikaktivitäten, Freundeskreis-, Hausgemeinschafts-Untergruppen mit eigenen digitalen Gruppen vervielfacht sich alles noch mehr.

Kein Wunder, dass „es" uns beherrscht, statt dass wir „es" klug für unsere Zwecke nutzen!

➔ **Beherrschen Sie die („sozialen") Medien – nicht umgekehrt!**

DENN:
„IT ESSEN SEELE AUF!"

All diese Medien, Messenger Dienste, Youtube etc. bedienen sich desselben Belohnungssystems im Gehirn (Korte, 2023; Spitzer, 2012).

Bei jeder Reaktion, jedem „like" für eine sms, WhatsApp, einen „Post" erfolgt ein Dopamin-Ausstoß, welcher dem Gehirn Erfolg(serlebnis) und Belohnung suggeriert.

Bleibt mangels Reaktion der Dopamin-Ausstoß aus, entstehen wie bei jeder anderen – analogen – Droge Entzugserscheinungen. Diese Mechanismen entsprechen also jeder anderen Sucht.

Daher sind diese unkontrollierten Reiz-Reaktionsschemata abzustellen.

Diese Mechanismen führen zudem dazu, dass wir Vieles bloß noch überfliegen; also die eigentliche **Information im Gehirn** gar **nicht mehr (richtig) verarbeiten** und **erst recht nicht ins Langzeitgedächtnis abspeichern!**

Wir verlernen dadurch das Lernen und unser Gedächtnis versiegt!

Es ist alles „bequem" jederzeit „abrufbar" – nur nicht (mehr) aus unserem Gehirn, sondern aus irgendeiner „Cloud". Und das auch noch bei gleichzeitiger „Vorgaukelung" von Glücksmomenten durch den Dopamin-Mechanismus

Und: was passiert eigentlich, wenn uns diese „Speichermedien" – aus welchem Grund auch immer – einmal nicht zur Verfügung stehen?

Keine Dopamin-Glücks-Scheinwelt mehr *und* **kein/e Wissen, Gedächtnis, Merkfähigkeit mehr.**
Keine wirklich gute Kombination, oder?

Das Fatale daran
Gerade in der VUCA/BANI-Welt brauchen wir kontinuierliches, fokussiertes, schnelles und zielführendes Lernen plus Merkfähigkeit mehr denn je!

Und gerade dieser Fähigkeiten berauben wir uns durch diese Sucht-Befeuerung selbst.

Alternative:
analoges Lernen – mit Büchern, F2F[12], allen Sinnen und von Mensch zu Mensch

Und das ist alles andere als „old school"[13], sondern hochmodern und (wieder-) zu entdecken – um unserer selbst und unserer Kinder Willen.

Wenn wir für die diversen immer komplexer werdenden Aufgaben gerüstet sein wollen, brauchen wir die Fähigkeit, Wissen langfristig im Gehirn zu speichern und zielgenau für Problemlösungen abrufen zu können.

Damit dieser Abspeicherungsprozess gelingt, braucht das Gehirn Langsamkeit und langsames Vorgehen bei der Informationsaufnahme.

Das menschliche sog. Arbeitsgedächtnis kann bis zu maximal 7–8 Informationen gleichzeitig aufnehmen bzw. verarbeiten und geordnet ins Langzeitgedächtnis überführen.

Diese Langsamkeit im Verarbeitungsprozess wird dadurch unterstützt, dass wir – eben langsam – z. B. analoge Bücher lesen. Dies hat den Vorteil, auch andere Lernkanäle mit zu bedienen.

Konzentrationsfähigkeit bleibt erhalten
Erschöpfungszustände werden reduziert.

---

[12] F2F = face-to-face (Englisch) = von Angesicht zu Angesicht. https://de.wikipedia.org/wiki/F2F; Login: 05.08.2023.
[13] https://de.wikipedia.org/wiki/Old_School; Login: 01.08.2023.

Über den Dopamin-Mechanismus manipulieren uns diverse Apps, Youtube etc. für ihre eigenen Gewinnmaximierungs-Zwecke dorthin, wohin sie uns haben wollen, zu
• maximaler Verweildauer auf ihrem tool
• maximaler Preisgabe persönlicher Daten bzw. (online-)Verhaltensmuster, um diese anschließend zu Geld zu machen – u. a. über personalisierte Werbung,
• Preisgabe einschließlich der emotionalen und psychologischen Verfasstheit
• bis hin zur Manipulation unserer eigenen Persönlichkeit mit potentiellem Identitätsverlust !

Bis auf wenige Ausnahmen gilt bei jeglicher Aktivität im Netz:

„Immer, wenn etwas umsonst ist, bist Du das Produkt."

Dies im Hinterkopf, überlegt man am besten mindestens zweimal, welche „Dienste" man verwendet, um selbst das Steuer in der Hand zu behalten.

[2] – Stattdessen: Digital/Technical Detox[14] & steuernde Medien-Nutzung für Digitale Resilienz

Mit **Minimalismus und Digital Detox** für den Sieg über Reiz- und Informations-überflutung inkl. Negativität, ein *„zu viel von allem"* und die damit einhergehende gesundheitsgefährdende Erschöpfung.

1. Gebot: Schlafräume technikfrei halten

Schlaf ist einer der Grundpfeiler einer resilienten geistigen und körperlichen Gesund-erhaltung.

Diverse Studien belegen, dass sog. „Blaulicht" die Schlafqualität mindern, und Blaulicht-filter ein wirksames Gegenmittel sind.[15]

Konsequenzen
• **Schlafräume** sind **Tabuzone für Medien aller Art**
– kein PC, Fernseher, Handy, WLAN, etc. oder auch nur zum Arbeitskontext gehörende Gegenstände im Schlafzimmer
– erst recht kein Home-Arbeitsplatz bzw. Arbeit aller Art für eine auch psychologische Trennung von Schlaf (= Erholung) und Arbeit (= Wachsein).
– sämtliche Technik räumlich so weit wie möglich vom Schlafplatz weg platzieren.
– Handy – ausgeschaltet – in separatem Raum, der ebenfalls so weit wie möglich vom Schlafort entfernt ist.
– Zum Wecken einen elektrischen, batteriebetriebenen oder „aufziehbaren" Wecker nutzen.
• **WLAN nachts ausschalten.**
• **Drei Stunden vor dem Einschlafen** *jedwede* **Bildschirmaktivitäten einstellen.**

---

[14] Englisch: Digital Detox = Digitale Entgiftung; Abstinenz von Digitalen Geräten bzw. Medien.

[15] https://de.wikipedia.org/wiki/Blaulichtfilter_(Display); Login: 02.08.2023.

Der beste Beleg für die Wirksamkeit dieser Maßnahmen:
einer meiner Kollegen musste während der Corona-Homeoffice-Zeit aus Platzgründen den
Arbeitsplatz im Schlafzimmer einrichten – und bekam massive Schlafprobleme. Diese ver-
schwanden ohne weiteres Zutun, als er seinen Home-Arbeitsplatz in den Keller verlegen
konnte.

Regelmäßiger Digital/Technical Detox

Äußerlich: **Mit Digital Detox zu Lern- und Konzentrationsfähigkeit zurück**
• Abstinenz von allen digitalen/technischen Hilfsmitteln zur Routine machen – am besten
ein ganzes Wochenende lang; mindestens einen halben Tag.
• alles Überflüssige weglassen – auch digital = digitaler Minimalismus.
• Stattdessen:
  – Reale (analoge) Bücher lesen
  – Spazierengehen
  – Freunde treffen für analogen F2F-Austausch
  – Sport, Musik machen
  – Ausflüge in die Natur – am besten zu mehreren
• Ziel: agieren statt reagieren & steuern statt gesteuert werden.

Innerlich: **Mit Digital Detox zu Digitaler Resilienz, um Digitale Demenz**[16] **zu verhindern**
• Der Mensch als soziales Wesen ist evolutionsbedingt auf zwischenmenschliche Sozial-
kontakte „programmiert".
• Durch die diversen Dopamin-Suchtschleifen, insbesondere der Smartphone-
Programmierung, entwickeln wir, wenn wir nicht aufpassen, stattdessen eine „Beziehung"
zu einem (lediglich) technischen Gerät, welches uns gleichzeitig von den echten, realen
sozialen Kontakten entfremdet bzw. deren Aufbau behindert, weil ständig ein „Response"
(eine Antwort, eine Reaktion) aus dem Gerät kommt.

Steuernde Medien-*Nutzung* statt Medien-*Konsums*

Unsere positive „kindliche" Neugier und Lernbegierde – mit dem evolutionswichtigen
Belohnungskreislauf mithilfe der „Belohnungsdroge" *Dopamin* wird uns in der Medien-/
PC-/IT-/KI-Welt zum Verhängnis.

Statt Medien-*Konsums*	=>	**Steuernde** Medien-*Nutzung*
Manipulierbarkeit durch Vereinzelung vor den Geräten und Algorithmen aller Art		für die *eigenen* Zwecke und Ziele!
Passiv		(pro-) aktiv
„lost victim"/„verlorenes", „hilfloses" Opfer		„in control"/kontrollierend

---

[16] Buchtitel des gleichnamigen Buches von Manfred Spitzer (2012).

Bewusster Umgang mit Medien aller Art & digitaler Minimalismus
Um nicht jeden Tag tiefer in diesen Strudel der „atrocities" (Gräulichkeiten) hinein-
gezogen zu werden, ist eine ganz bewusst steuernde und kluge Nachrichten-Informations-
und Medien-*Nutzung* hilfreich und heilsam, u. a. durch Eindämmen von schlechten
Nachrichten und ein Fokussieren auf gute.

„Bad-Newsism"[17] begrenzen – Denn: „Bad news are bad."[18]

Fernsehen, PC, Streaming, Youtube, Handy, E-Mails, Podcasts, WhatsApp, inzwischen
selbst seriöse Nachrichten funktionieren nach dem Mechanismus: Aufmerksamkeit
erhalten – z. T. um jeden Preis; dies gelingt umso besser, je schlimmer die Nachrichten
sind („Only bad news are good news.[19]").

Dies heizt die (zusätzliche und unnötige) Aufladung mit Negativismen und der sog.
Problemtrance[20] (Begriff aus der Systemik) an.

Sicher ist es wichtig, über die Geschehnisse um einen herum profund und aktuell
informiert zu sein, auch, um entsprechend über Gefahren, Herausforderungen, Schieflagen
informiert zu sein, die einen ggf. selbst betreffen könnten.

Das ist gut, richtig und wichtig. Allerdings: Die Dosis macht das Gift.

„Only good news are good news"[21] – Denn: „Good news are good."[22]

Kontrollierte Dosierungsmöglichkeiten:
• Nachrichten eher im Radio aus journalistisch-fundierten Quellen; schon Bilder im Fernsehen sind belastender (weil einprägsamer) als der rein akustische Kanal; noch weniger
hilfreich: Internet, Youtube etc. – sie schüren negative Impulse und sind meistens leider
un-recherchiert oder noch Schlimmeres (z. B. manipulierte „Fake(d)-News"[23], noch ver-
stärkt durch die aktuellen „KI"-Möglichkeiten der Verfälschung von Bild, Ton und Text).
• Nachrichten nur morgens, mittags, abends hören.
• Sich auf seriöse und nicht-reißerische Informations-Kanäle fokussieren.
• Gute Nachrichten und positive Meldungen gezielt aufsuchen.
• Es gibt bereits sogar Internetportale, welche gezielt diese Positiv-Meldungen zusammen-
stellen = Positiver Journalismus.[24]

---

[17] „Schlechtes Nachrichtentum"; eine Worterfindung von mir aus den Englischen
Begriffene „bad news" (schlechte Nachrichten) und die Substandtiv-Endung -ismus"
(„-ism.").

[18] Englisch: Schlechte Nachrichten sind schlecht.

[19] Englisch: „Nur schlechte Nachrichten sind gute Nachrichten".

[20] Verharren im Negativ-Fokus; https://de.wikipedia.org/wiki/Hypnosystemische_Therapie,
Login: 12.08.203.

[21] Englisch: „Nur gute Nachrichten sind gute Nachrichten".

[22] Englisch: Gute Nachrichten sind gut.

[23] https://de.wikipedia.org/wiki/Fake_News; Login: 02.08.2023.

[24] https://de.wikipedia.org/wiki/Positiver_Journalismus; Login: 05.08.2023.

6.3   Selbst-Management & Selbst-Disziplin – zwei Seiten derselben Medaille

Zusätzlich zu den im Rahmen der Selbst-Führung getroffenen grundsätzlichen Entscheidungen gegen bzw. für bestimmte Vorgehensweisen sind diese Entscheidungen durch diszipliniertes Selbst-Management umzusetzen und in die täglichen Routinen einzuflechten.

Die dafür nötige Selbstdisziplin ist ein Bestandteil der Systemischen Eigenverantwortung.

[1] – Diszipliniertes respektvolles Nein-Sagen
Wenn etwas nicht zu den eigenen Prioritäten, der eigenen Life-Work-Balance bzw. dem eigenen Energiehaushalt-Management passt, unterstützt ein diszipliniertes respektvolles *Nein-Sagen* die eigenen Ziele und die eigene Bewältigungsfähigkeit.

Gleichzeitig signalisiert ein solches respektvolles *Nein* dem Gegenüber sowohl

* Selbst-Respekt des Neinsagenden sich selbst gegenüber als auch
* klare Leitplanken nach außen, dem anderen gegenüber.

Beides **vermittelt Sicherheit in der Interaktion**:

* Selbstsicherheit durch innere Klarheit.
* Diese innere Selbstsicherheit signalisiert dem Gegenüber gleichzeitig die eigene klare Linie und vermittelt diesem ebenfalls dadurch Sicherheit; wichtige **Zusatzvoraussetzung**: Das **Nein bleibt Nein** und wird durchgehalten.

Folge: Respekt-Zuwachs auf allen Seiten.

[2] – Disziplinierte/s & Konsequente/s Selbstmanagement & Selbstorganisation
Für konsequentes Selbst-Management ist Selbstdisziplin nötig – privat wie beruflich.

Systemik fördert über die ihr immanente Selbstverantwortungsübernahme Selbst-Disziplin und unterstützt durch

* ganzheitlichen Blick
* Hinterfragen des eigenen Tuns
* Selbsterkenntnis
  – Was brauche ich wirklich?
  – Worum geht es mir wirklich?

- Was sind meine Werte?
- Was ist mir wirklich wichtig?

Klare Trennung von *beruflich* und *privat*

Eine **konsequente und klare Trennung** zwischen *beruflich* und *privat* – gepaart **mit jeweils vollem Fokus** *entweder* **auf das eine** *oder* **das andere** und nicht parallel hilft bei der **Abgrenzung und Rollenklarheit,** auch unter dem Aspekt, die eigene Arbeitskraft zur Verfügung stellen – nicht das eigene Leben.

Beispiele

• Getrennter Dienst- und Privat-PC; jeweils nacheinander verwenden – nicht parallel.
• Klare Zeiteinteilung, welcher Bereich in welchem Zeitraum bedient wird.
• Diese Zeitfenster im Kalender entsprechend blockieren und dann den kompletten Wechsel in das andere System – das andere Paralleluniversum – die andere „Parallel-Blase"… (siehe unten) vollziehen.
• kein Diensthandy mit Privatfunktion
• getrennte E-Mails
• keine privat-E-Mail-Korrespondenz über Firmenaccount und umgekehrt
• keine Firmen-Internetnutzung zu privaten Zwecken
• für alles Private ausschließlich privaten PC nutzen.

Wider die Bequemlichkeits-Falle:
„Ent-Bequemlicht Euch" Oder: Warum sich die Extra-Meile lohnt => Lern(Zu-)Gewinn

Zuboff (2018) hat für das Gesteuertwerden mithilfe von Algorithmen und den ausgeuferten Online-Handel den treffenden Begriff „Bequemlichkeitsfalle" geprägt.

Dies bezieht sich auf die Tatsache, dass alles nur noch ein „Mausklick" entfernt ist, man sich im Grunde von seiner Position vor dem Bildschirm überhaupt nicht mehr wegbewegen „muss" bzw. aus Sicht der „Amazons & Co." auch gar nicht mehr „soll", damit möglichst viel konsumiert sowie an Daten preisgegeben wird.

Durch Vereinsamung mangels sozialer F2F-Kontakte, in jedem Fall gesundheitsgefährdender oder sogar tödlicher Bewegungsarmut mit allen Krankheits-Begleiterscheinungen wie Adipositas, Diabetes, Koronare Herzerkrankungen etc. sowie durch unüberlegte Anhäufungen von Kaufentscheidungen bis hin zur Kaufsucht und dadurch ggf. drohende Armutsfalle, nimmt die Wahrscheinlichkeit für massive gesundheitliche und seelische Probleme zu.

Das Gegenmittel daher: „Ent-bequemlicht" Euch!

Mit Aktivität und Selbst-Steuerung wider die „Zuboff'sche" Bequemlichkeitsfalle und gegen die eingerichtete Saturiertheit/saturierte Eingerichtetheit!

Auf allen Ebenen in/m
• Haushalt
• Arbeit
• Sport
• Ernährung
• Hobby
• sozialen Beziehungen aller Art.

Für ein Leben in Balance – auf allen Ebenen

Die dafür nötige Selbst-Disziplin kommt aus der Systemischen Haltung und den Resilienz-Faktoren.

Multitasking abstellen – denn Multitasking ist ein Mythos

weil niemandes Gehirn – entgegen aller hartnäckigen Gerüchte auch dasjenige von Frauen nicht – in der Lage ist, auf mehr als eine Sache zur gleichen Zeit zu fokussieren (Korte, 2023).

Um maximaler (mentaler) Überlastung und auslaugender Erschöpfung vorzubeugen, sind daher die diversen Informations- und Aktivitätskanäle bewusst zu steuern und jeweils nur eines dieser Medien zur gleichen Zeit zu benutzen – privat wie beruflich.

Dies bedeutet wieder **konsequentes *Nein-Sagen*** durch
• Termin-Ablehnungen
• „Wegdrücken" von parallel zu Dienst-/Privat-Gesprächen ankommenden Störungen aller Art
• diese nach Beendigung des calls – wieder fokussiert nur darauf – beantworten.

Auch hier wieder die technischen Abschaltmöglichkeiten für Parallelnachrichten klug nutzen.

Fokussiert bleiben

auf nur eine Aufgabe zur gleichen Zeit – egal ob analog oder digital, privat genauso wie beruflich.

Durch *Nein* zu
• **Multitasking aller Art**
• **allen Unterbrechungen des Konzentrations-Flusses**

=> bei allen technischen Geräten (PC, Handy, TV etc.) Abstellen aller
• „Bimmeltöne" für sms, WhatsApp (wenn man es überhaupt verwenden will !; siehe Zuboff)
• Popup-Nachrichten bei E-Mail, *Teams* etc.
• Handy ausgeschaltet und soweit wie entfernt vom aktuellen Standort wie es nur geht.
• Alle unnötigen Newsletter sofort abbestellen.
• Gut und klug selbst-gesteuerter Nachrichten- und Medienkonsum.

bei **Konzentrations-Arbeiten am PC**
• Internet-Verbindung gezielt ausstellen – hat ähnliche Wirkung wie das ausgeschaltete und räumlich entfernte Handy.
• Falls dennoch Internetrecherche nötig wird, sofort nach der Recherche wieder ausstellen.
• Fokus auf nur einen Bildschirm; etwaige Zweitbildschirme ausschalten.

Fokus und Systemische Haltung & Kommunikation bei Video-Calls[25] **im Beruf**

FOKUS
Unterstützungsmöglichkeiten für den Fokus auf nur einen *Teams*[26]-Call
• Kamera an (die Kollegen sehen, dass jemand auf sie und ihre Inhalte fokussiert und aufmerksam ist) – drückt zugleich Wertschätzung im Sinne der Systemik aus.
• Aktives, konzentriertes Zuhören – keine Parallelaktivitäten; beide enden sonst in Halbheiten.
• Handschriftliche Notizen in ein Buch für entsprechend sich ergebenden „to-dos".[27]
• Deren gezieltes, wieder fokussiertes Abarbeiten – eines nach dem anderen – *nach* dem call.
• Fördert die Ergebnis-Qualität und Geschwindigkeit gleichermaßen.

Positiv-Folge: Win–Win auf allen Ebenen
• Arbeitsergebnis und Qualität stimmen
• Kollegen fühlen sich gewertschätzt
• Man bekommt alle Inhalte vollständig mit, kann sofort Wichtiges von Unwichtigem unterscheiden und
• bleibt auch dadurch noch mehr fokussiert.

SYSTEMISCHE HALTUNG UND KOMMUNIKATIONSASPEKTE
Watzlawicks (2011) Axiom „*Man kann nicht nicht kommunizieren*" gilt genauso für Digitales und ganz speziell für Video-Calls, vor allem für Kamera und Mikrofon mit Blick auf den Systemik-Grundsatz *Kommunikation auf respektvoller Augenhöhe.*

Augenhöhe gibt es nur, wenn alle Kameras aller Teilnehmer *entweder* an- *oder* ausgeschaltet sind.
Anderenfalls ist die Kommunikation mangels Gleichwertigkeit der Kommunikations-Kanäle in Schieflage. **Zusatzproblem bei ausgestellter Kamera:** Transparenz und visueller Kanal für eine Einschätzung der non-verbalen Signale geht verloren.

Bei **angestellter Kamera** signalisieren die Gesprächspartner **Augenhöhe und durch die Sichtbarkeit der Körpersprache Transparenz und Offenheit,** weitere Facetten der Systemik.

Das Mikrofon nur anzumachen, wenn man selbst spricht, drückt Wertschätzung aus und verhindert unangenehme Nebengeräusche – gut für Ohren, Konzentration und Fokus.

---

[25] Englisch: call = Anruf.

[26] Teams = eines der diversen technischen Programme für Video-Anrufe.

[27] Englisch: zu erledigende Aufgaben.

„Accounteritis", „Tooleritis" und „Featuritis" stoppen

Wo immer möglich: die „Itis-isms"[28]… stoppen
• Accounter*itis*
• Featuer*itis*
• Tooler*itis* usw.

➔ wo immer möglich: als Gast bestellen/Accounts vermeiden – die Verwaltung frisst Lebenszeit!

➔ bei allem sich die Fragen stellen:
• Lebst Du noch oder toolst Du schon? – bzw
• Wirst Du schon getooled oder lebst du noch?

➔ Ist etwas hilfreich/sinnvoll => verwenden.
➔ Ist etwas Zeitfresser, Schlafräuber, Digitaler Demenz-Förderer => weglassen.

E-Mail-Handling[29]

Nur morgens – mittags – abends abrufen.
Dann alle E-Mails sofort bearbeiten, fertigstellen und ablegen/sich aus den E-Mails ergebende Aufgaben auf der To-Do-Liste aktualisieren.

Automatisierungs-Regeln im E-Mailprogramm nutzen
=> überflüssige E-Mails automatisiert sofort in den Papierkorb verschieben.

Wo immer möglich: direkte F2F oder Telefon/Video-Kommunikation statt E-Mail
=> Gefahr von E-Mail-Flaming[30] und Missverständnissen wird reduziert.

Handy-Handling[31]

Der bloße Anblick eines – selbst ausgeschalteten – Handys vermindert Leistungen bei kognitiven Aufgaben (Korte, 2023, S. 18).

---

[28] Dies ist eine Wort-Erfindung von mir und besteht aus den medizinischen Krankheitsbegriffs-Bestandteilen „-itis" und dem Englischen „-ism" („-ismus") für ein Substantiv. Also ein Kunstwort, eine Kombination aus den für die diversen im Netz ggf. mit eigenen Benutzernamen und Passwörtern freizuschaltenden Accounts, Tools, Apps etc.; Englisch Account = Konto; Tool = (technisches) Werkzeug; Feature = eine Eigenschaft eines techn. Werkzeugs und der Endung für ein medizinische/s Syndrom oder Krankheit.

[29] (Resilienter) Umgang mit E-Mails.

[30] Aus dem Ruder laufende, eskalierende Wortgefechte.

[31] (Resilienter) Umgang mit dem Handy.

Grund: das im Stirnlappen befindliche Gehirnareal für den Arbeitsspeicher kann nur ca. 7–8 Aufgaben gleichzeitig bewältigen und ist unterschwellig damit beschäftigt, das Handy, seine Klingeltöne oder Vibrationen zu ignorieren. Diese Kapazität fehlt für konzentriertes Arbeiten.

Allein die Gegenwart des Handys beeinträchtigt also die Konzentrations- und Leistungsfähigkeit massiv.

Mit der zusätzlichen fatalen Folge einer schleichenden Erschöpfung dieser Gehirnregion (Korte, 2023) mit verminderter Konzentration, Informationsverarbeitungsqualität und -geschwindigkeit sowie Langzeitabspeicherung.

Nach einer Konzentrations-Unterbrechung braucht es zur erneuten Fokussierung ca. 15/30 min.

Konsequenzen für die **kluge Handy-Nutzung**
• jegliches Benachrichtigungs-„Gebimmel" ausstellen.
• E-Mails/sms maximal dreimal täglich kontrollieren – und dann sofort abarbeiten.
• Zusatzoption für bereits Abstinenz-Geübte: gar keine E-Mail-Funktion auf dem Handy und E-Mails nur über den PC bearbeiten.

Die Niederlande ziehen endlich die richtigen Konsequenzen aus diesem Wissen und erlassen ein Handyverbot an Schulen; auch dort haben Pilotprojekte deutliche Vorteile für Konzentrationsfähigkeit, Leistungen, Noten, Schutz vor Cybermobbing etc. erwiesen.[32]

Zentralisieren

Jeweils nur ein/e/n
• elektronische Excel-Liste für
– Adressen – alles in einer Zelle für automatische Sortierung
– Aktivitäten – mit allem zu Verwaltendem
– Wichtig ist zusätzlich ein kluges (digitales) Sicherungs-System
• Schlüsselbund mit allem dran
• Platz für dieselben Dinge/Geräte/Vorräte/Putzzeug
• usw.

Modularisieren

unterstützt die oben beschriebene äußere Klarheit zum Erreichen innerer Klarheit.

Die leichte Austausch- und schnelle Zusammenstellbarkeit der jeweiligen Module führt zu maximaler Flexibilität und Agilität beim Agieren.

---

[32] https://www.deutschlandfunk.de/niederlande-verbot-von-handys-im-klassenzimmer-dlf-5f23efb2-100.html; Login 21.07.2023.

Beispiel
• Separate Taschen für bestimmte Kontexte – können je nach Anlass kombiniert werden
– alles für das Auto/die Kinder/Tiere
– getrennte Koffer vorgepackt haben, wenn man viel unterwegs ist
– getrennte Trolleys oder Rucksäcke für Dienst- und Privat-PC
• Durchsichtige Dosen für Ladegeräte, Handys etc.

Antizyklisch leben gegen Stress

• wo immer möglich: Ferienzeiten meiden
• Öffentliche Verkehrsmittel und (Arbeits-) „Wege mit dem Auto" außerhalb der Stoßzeiten
• Einkaufen, wenn alle anderen noch oder schon schlafen

[3] – Ganzheitliche Ausbalancier-Optionen implementieren

Termine mit sich selbst vereinbaren für

• Familie
• Freunde
• Haustiere
• Kreatives Nichts-Tun/Schöpferische Pausen

• Hobbys
• Sport

• Gesunde Ernährung (inkl. Einkauf, Zubereitung, Verzehrgewohnheiten (langsam!))
• Gesunde/r Schlaf(gewohnheiten)
• Im besten Sinne wählerisch sein.

Emotionales Distanzieren

durch
• **Relativieren**
– ins Verhältnis setzen zu wirklich gravierenden Dingen
– sich bewusst machen, wie gut es einem – trotz aller Herausforderungen – geht.
• **Reframen:** den Dingen einen anderen Rahmen geben; **Umdefinieren**
• **Humor/Heiterkeit** (= psychische Reinigungskraft plus Gesundbrunnen)
– Mental und emotional aus dem System heraustreten, es von außen betrachten – inkl. sich selbst und seine eigenen Vorgehensweisen darin aus der Meta-Ebene kritisch betrachte/ hinterfragen – und *systemisch* anpassen
• **„Zeitreise" nach Kierkegaard:**
– „Das Leben wird vorwärts gelebt, aber nur rückwärts verstanden…"
– Welche Bedeutung hat ein Ereignis später noch?/Welche Wichtigkeit messe ich diesem jetzt in der Gegenwart bei und steht dies in Relation?

„Öfter mal die Blase wechseln"...

Lebensbereiche als „Parallel-Universums-Blasen" mit Schnittmengen
• Beruf
• Privatleben
• Familie
• Freunde
• Reise
• Urlaub
• Hobby – usw.

Parallel-Universumsblasen mit Schnittmengen

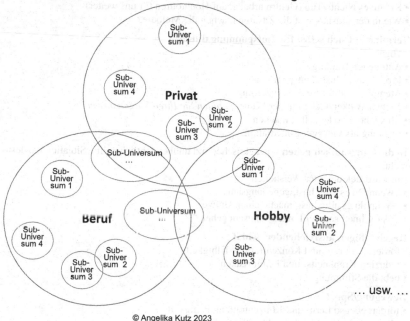

© Angelika Kutz 2023

Jede „Blase" hat ihre unterschiedliche Realität, andere Kontexte, Interaktionen und Akteure.

Dieser Kontextwechsel führt zu geistiger Anregung (Brain food) und Entspannung durch
• **Perspektiv-Wechsel**
• **Abschalten von den anderen Blasen**
• **Relativierungen** werden leichter durch **Abstand, innerer Distanz** zu den anderen „Blasen".

Plus: zur **Resilienz-Stärkung** kraftgebende und das Selbstwert-Gefühl unterfütternde, Erfolgserlebnis-produzierende „Blasen" wählen.

Ausgewogene, gesunde Ernährung/Pausen/Entspannung/Schlaf/Bewegung/Sport

All diese Punkte sind bekannt. Auch dafür sind die Systemik-Bestandteile Selbstverantwortung, Lösungs- und Zukunfts-Fokus sowie Selbstdisziplin zusammen mit Zielorientierung aus den Resilienzfaktoren Unterstützung

Ernährung
• Essen vor dem Bildschirm unterlassen – es verhindert Sättigungsgefühl;
• Folge: zu viel Nahrungsaufnahme, Gewichtszunahme bis zur Adipositas mit allen gesundheitlichen (und potentiell letalen) Folgerisiken.

Pausenmachen als Resilienzfaktor
• Schöpferische Pausen
• Kreatives Nichts-Tun (Gehirn arbeitet auf Hochtouren für uns weiter)
• Wie in der Musik – erst die Zäsuren machen die Melodie.

Termine mit sich selbst für Entspannung durch
• Yoga
• Autogenes Training
• Progressive Muskelentspannung
• Atemübungen für Stressreduzierung
• Joggen/Walken/Gehen in der Natur; *„Laufen Sie Ihren Sorgen davon.“*
• Musik hören oder selbst machen
• Qi Gong als Bewegungsmediation.

In die Langsamkeit gehen – je hektischer und unübersichtlicher eine Situation ist, desto mehr.
Ein Ausdruck der alter Weisheiten[33]
• „Wenn Du es eilig hast, gehe langsam.“
• „Wenn du es eilig hast, mache einen Umweg.“
• „Wer schnell sein will, muss langsam gehen.“

Regelmäßiger, ausreichender Schlaf
• fördert die Lern- und Konzentrations-Fähigkeit
• reduziert Krankheits- und Unfallrisiken
• hebt die Stimmung.

Bewegung/Sport
• fördert ebenso Lern- und Konzentrations-Fähigkeit
• „Kommt also in Bewegungs!“ – physisch wie geistig.

Alles hängt auch hier mit allem zusammen. Regelmäßige Entspannung plus regelmäßige Ertüchtigung und bewusstes Ernährungsverhalten ergänzen sich gegenseitig und haben heilsame und **gesunderhaltende (Wechsel-) Wirkung.**

---

[33] Meistens Konfuzius zugeschrieben.

[4] – Lernagilität und das Gehirn trainieren
Durch

- konstante und kontinuierliche Weiterbildung
- das richtige „Brainfood" (Gehirnfutter)
- Soziales Lernen durch Fragen, Abschauen, neugierig bleiben.

Brainfood, aber richtig...

Früher hatten wir
• Bücher
• Lexika
• wenn wir Glück hatten: gute Lehrer

und haben etwas gelernt, **vor allem das Lernen gelernt,** sich neue Dinge zu erschließen, mit Neugier auf Neues zuzugehen, um es zu erforschen – **und** wir **hatten es dement-sprechend im Kopf.**

Heute haben wir
• Smartphones
• Google
• ChatGPT – und wer weiß, was alles noch in der Zwischenzeit zwischen Finalisieren dieses Buches und seiner Veröffentlichung passiert.

Und was handelt uns das ein? – **Operative Hektik ersetzt geistige Windstille,** denn nichts der wesentlichen Dinge haben wir noch wirklich im Kopf, sondern manövrieren uns immer weiter in Abhängigkeiten von „Clouds"[34], deren Steuerung wir aus der Hand gegeben haben.

Bücher und echt(e) ! gute Lehrer und Mentoren, also F2F, sind nach wie vor die besten Lernförderer.

Und das hat nichts mit „*old school*"zu tun, sondern mit Gehirn-Evolution.
Seit Millionen von Jahren war der Mensch darauf angewiesen, seine Umwelt mit all seinen Sinnen, dreidimensional, interaktiv und durch sozialen Austausch zu be-*greifen.*

Die kurze Zeitspanne der Existenz von TV, PC, Smartphone & Co. war – glücklicher-weise ?! – (noch?) zu kurz, um die positiven Engrammbildungsmechanismen durch Zweidimensionalität und manuelle Fähigkeitsreduktion auf „wisch- und weg" gänzlich verkümmern zu lassen.

Oder doch nicht? – Diesbezüglich erschreckende Studien gibt es zu Hauf (Spitzer, 2012; Korte, 2023).

Wer sich selbst und seinen Kindern also etwas wirklich Gutes tun möchte, verschenkt Bücher und Zeit für zwischenmenschliche Interaktion und gemeinschaftliches Lernen.

---

[34] https://de.wikipedia.org/wiki/Cloud; Login: 02.08.2023.

Für soziales Lernen und gleichzeitig weitere Ausbalancier-Optionen hilfreich sind

- Hobbies – am besten gemeinsam mit andern
- Sport, Musik – ebenfalls am besten gemeinsam mit andern
- Soziale F2F-Kontakte pflegen
- Soziale Engagement in ehrenamtlichen Kontexten
- Nebentätigkeit aufbauen und nachgehen.

Alles positiv für psychische Verfasstheit und Resilienz.

[5] – Suffizenz-Denken/Glücks- und Erfolgstagebuch
Der Systemische Blick auf die vorhandenen Ressourcen umfasst, was an dem jeweiligen Tag gut lief und welche eigenen Fähigkeiten dazu beigetragen haben. Dabei hilft

- **Glückstagebuch** schreiben – emotionale Ebene – bedient Balance auf Werte-kanon-Basis.
- **Erfolgstagebuch** schreiben – rationale Ebene – bedient das Anerkennungs-Bedürfnis.

[6] – Spaß am Tun, Wachsen, Performen – privat wie beruflich

Systemische Haltung und Goaling[35] mit Futur II-Selbst-Programmierungs-Formulierungen

Systemische Haltung unterstützt dabei mit Selbstverantwortung, diszipliniertem Selbst-Management und „Futur II-Goaling".

Durch die Formulierung im Futur II bekommt das Gehirn eine Anweisung/Programmierung, aus dem Futur I Blickwinkel zurück auf den dann bereits im Futur II liegenden, also einem bereits vor Futur I liegenden Zeitpunkt zurückzuschauen.

In dieser Retrospektive hat die eigentliche intendierte Handlung schon stattgefunden, ist geglückt, zu einem Erfolg gebracht worden; ein Ziel ist erreicht worden.

---

[35] Goaling = Ziele-Setzen; auch oben unter 4.

Das Gehirn ist darauf programmiert und „kann daher nicht anders" als uns genau das, was wir ihm „sagen" zu tun. Das englische Sprichwort heißt nicht umsonst: „Be careful what you wish for."[36] – denn das Gehirn wird dafür sorgen, dass es genauso kommt.

Eine Art *self-fulfilling prophecy*[37] sozusagen – aufgrund der entsprechenden Eigen-Programmierung.

Beispiel

„Wenn ich mein Jahresabschlussgespräch mit meinem Vorgesetzten haben werde, werde ich ihm sagen, dass ich

• a
• b
• c

bereits 2 Monate vor diesem Jahresabschlussgespräch erreicht haben werde."

Diese Art der Formulierung macht ein Erreichen der selbst-gesetzten Ziele ziemlich wahrscheinlich.

Dies führt zu vermehrten Erfolgserlebnissen, wirkt privat wie beruflich förderlich und ausbalancierend plus erhöht im beruflichen Kontext das sog. Committment/Ownership[38] und „Entreployeeship[39]", also die Verantwortungsübernahme für die eigenen Aufgaben sowie, zum Wohle der Gesamtorganisation wie ein Unternehmer im Unternehmen zu agieren.

Intrinsische Motivation und Arbeitszufriedenheit steigen[40].

[7] – Die sieben Gewohnheiten hoch effektiver Personen
Sind Ausdruck in sich ruhender, gefestigter, sich ihrer selbst sicherer Persönlichkeiten und umfassen Folgendes:

1. Sie ergreifen Initiative. ("Sei proaktiv").
2. Sie fokussieren auf Ziele. ("Beginne mit dem Ende im Sinn").
3. Sie setzen Prioritäten. ("Stelle die wichtigen Dinge voran").
4. Sie gewinnen nur, wenn andere (auch) gewinnen. ("Denke in Gewinn/ Gewinn").

---

[36] „Sei vorsichtig, was du dir wünschst."

[37] Englisch: Sich selbst erfüllende Prophezeiung.

[38] Englisch: Verantwortung für seine Aufgabe übernehmen.

[39] „Entreployee" = Kunstwort aus *Entre*preneur = Unternehmer und Em*ployee* = Angestellter.

[40] Details im Tandem-*essential*.

5. Sie kommunizieren. ("Suche zunächst zu verstehen, dann erst verstanden zu werden").
6. Sie kooperieren. ("Synergiere").
7. Sie reflektieren und korrigieren ihre Defizite. ("Schärfe die Säge").[41]

Auch diese bereits bekannte Weisheit reflektiert die Systemische Haltung und Herangehensweise und ist eine gute ergänzende Kurzanleitung – privat wie beruflich.

---

[41]Z. B. https://www.franklincovey.com/the-7-habits/ – Login: 29.03.2023; Englisches Original:
"The seven habits of highly effective people"
1. They take initiative. ("Be Proactive")
2. They focus on goals. ("Begin with the End in Mind")
3. They set priorities. ("Put First Things First")
4. They only win when others win. ("Think Win/Win")
5. They communicate. ("Seek First to Understand, Then to Be Understood")
6. They cooperate. ("Synergize")
7. They reflect on and repair their deficiencies. ("Sharpen the Saw")

Dank Systemik: ganzheitlich-resilientes Leben in Balance in der KI- und VUCA/BANI-Welt

Auch wenn manches in diesem *essential* „old school" anmuten könnte; es ist die Kombination aus weiterhin funktionierendem Erfahrungswissen und neuen, modernen, innovativen Ansätzen, die voranbringt.

Dies entspricht exakt dem Systemische Ressourcen-Fokus, alles gut Funktionierende als Ressource zu betrachten und diese mit weiteren Ressourcen zu kombinieren, um – gemeinsam – das beste Ergebnis, die beste Lösung zu erreichen.

Eine kluge und sinnvolle Mischung aus gehirn-physiologisch fundiertem Wissen und zielführender, selbst-steuernder Nutzung neuer Technik(en) bewirkt letztliche eine **Inspirations-Motivations-Volitions-Spirale** mit der **positiven Gesamt-Folge einer ganzheitlich-resilienten Gesunderhaltung und eines Lebens in Balance.**

Lädt man auf Basis der Systemischen Haltung diese Resilienz-Förderer zu sich ein, stellen sich die **Positiv-Folgen** nahezu von selbst ein

- Innere Klarheit und Fokussiertsein auf diese Ziele => Ziele werden leicht
- Spielerischer Umgang mit Change und Anpassungsbedarf – auf dem Weg zu diesen Zielen
- Umwege als Zusatz-(Lern-)Chancen begrüßen
- Spielerischer Umgang mit „Constant Change" in der VUCA/BANI-Welt.

Denn:
„Man kann die Brandung nicht aufhalten, aber surfen lernen"
– und damit spielerisch auf ihr reiten.

A. Kutz, *Systemik für ganzheitliche Resilienz im permanenten Wandel der agilen VUCA/BANI-Welt*, essentials, https://doi.org/10.1007/978-3-658-43006-1_7

Inspirations-Motivations-Volitions-Spirale

Individuum

Leistung / Flow

Wohlbefinden

Gesundheit
- physisch
- psycho-somatisch
- psychisch

Produktivität	Qualität	Nachhaltigkeit	Resilienz

Effizienz
Effektivität

Kreativität / Kreative Lösungen
MVP- und CIP-Mindset

Erfolgserlebnisse

Commitment   Selbst-Disziplin
Ownership

Leistungsfähigkeit

Leistungsbereitschaft

Arbeitszufriedenheit

Intrinsische Motivation

Engagement

Offenheit für Neues

Respekt – Augenhöhe – Ernstnehmen

Lern-Bereitschaft

Ressourcen-, Kompetenz- & Lösungs-Focus

„Sachse-Motive" in Balance

Achtsamkeit   Empathie

(Vor)-Urteils-freie, (be-) wertungs-freie bedingungslose Wertschätzung des anderen und seiner Konstrukte / Ideen

Nährende, wertschätzende Kommunikation nach innen und außen

Wertschätzende Grundhaltung

Positive Spirale zu …

Basis = Systemische Haltung

© Angelika Kutz 2023

Das Systemische (Haltungs-) Wissen – und Akzeptieren –, dass nicht alles kontrollierbar oder planbar ist, gleichzeitig aber immer gestaltbar bleibt, verhilft zu einer lockeren, gelassenen – und dennoch nicht gleichgültigen! – Grundhaltung allen Veränderungen gegenüber.

Auf diese Weise lässt sich der KI- und VUCA/BANI-Welt mit fast kindlich-spielerischer Neugier und hochgradiger Flexibilität begegnen, weil die Systemische Haltung zu einem neugierig-spielerisch-leichten Umgang damit befähigt.

Nach IQ[1], EQ[2], RQ[3]   jetzt basierend auf der Systemischen Haltung ganz offenbar **AQ – Adaptability Quotient**[4] – also die Fähigkeit, sich klug, agil und schnell auf Veränderungen einzustellen.

---

[1] IQ = Intelligenzquotient.

[2] EQ = „Emotionaler" Intelligenzquotient; Erfolgsquotient (Goleman).

[3] RQ = Resilienzquotient (Mourlane).

[4] Anpassungsfähigkeits-Quotient.

Und zu guter Letzt: Das VUCA-Reframing
zwecks einer psychisch-unterstützenden Bedeutung für einen ressourcen- und lösungs-fokussierten, spielerisch-leichten, neugierigen Umgang mit Herausforderungen.

Beispiel

- **Von Ambiguität zu Ambiguitäts-Toleranz,** also der Fähigkeit, Unsicherheit(en) auszuhalten, mit Unsicherheit leben (zu lernen).
- **Von „Constant Change" zu „Change als Chance"**

Diese beiden Abbildungen bieten Umdeutungsmöglichkeiten für Deutsch und Englisch an.

Von VUKA zu VUKA über Systemische Haltung

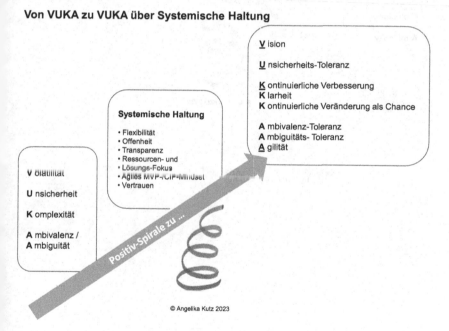

© Angelika Kutz 2023

From VUCA to VUCA via the Systemic Approach

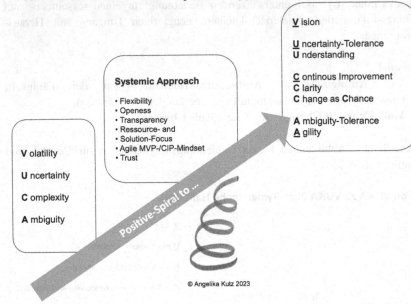

V olatility

U ncertainty

C omplexity

A mbiguity

Systemic Approach

- Flexibility
- Openess
- Transparency
- Ressource- and
- Solution-Focus
- Agile MVP-/CIP-Mindset
- Trust

V ision

U ncertainty-Tolerance
U nderstanding

C ontinous Improvement
C larity
C hange as **C**hance

A mbiguity-Tolerance
A gility

Positive-Spiral to …

© Angelika Kutz 2023

Was Sie aus diesem *essential* mitnehmen können

- Dass **Umdenken, Transformation und eine Umkehr mehr als überfällig sind,** was **nur mit kollektiver Anstrengung und gemeinschaftlichem, ressourcen-fokussiertem Umdenken gelingen** wird.
- **Systemik und Resilienz sind erlern- und trainierbar,** durch Um- und Neu-Denken eingefahrener Muster.
- Einen **bewussten und selbstbestimmten Umgang mit den vielschichtigen Komplexitäten** der KI- und VUCA/BANI-Welt **durch Systemische Haltung und Resilienz-fördernde Denkstrukturen.**
- Einblick in die **Vorzüge und unterstützende Wirksamkeit der systemischen Haltung** und des daraus erwachsenden **selbstorganisierten Handelns** im höchst agilen, volatilen, komplexen und unübersichtlichen Arbeits- und Lebensumfeld, **speziell durch Lösungsfokussierung, Veränderungs-Freudigkeit und Ressourcensicht.**

A. Kutz, *Systemik für ganzheitliche Resilienz im permanenten Wandel der agilen VUCA/BANI-Welt*, essentials, https://doi.org/10.1007/978-3-658-43006-1

Literatur

Ahrens, C., & Ahrens, L. (2014). *Leadership-Intelligenz – Zehn Gebote für souveräne und sozial kompetente Führung*. Springer Gabler.

Bateson, G., Jackson, D. D., Haley, J., & Weakland, J. (1956). Toward a theory of schizophrenia. *Behavioral Science, 1*(4), 251–254.

Brandstätter, V., Schüler, J., Puca, R., & Lozo, L. (2013). *Motivation und Emotion*. Springer.

Berking, M., & Rief, W. (2012). *Klinische Psychologie und Psychotherapie für Bachelor*. Springer-Verlag.

Caplan, R. D. (1987). Person-environment fit theory and organizations: Commensurate dimensions, time perspectives, and mechanisms. *Journal of Vocational Behavior, 31*(3), 248–267.

Coelho, P. (2021). *Der Alchimist*. Diogenes Verlag AG.

Fromm, E. (1979). *Haben oder Sein*. Deutscher Taschenbuch Verlag GmbH & Co. KG.

Goddemeier, C. Aaron Antonovsky – Vater der Salutogenese. *Ärzteblatt August 2019, S. 366* https://www.aerzteblatt.de/archiv/209251/Aaron-Antonovsky-Vater-der-Salutogenese. *Zugegriffen: 8. Juli 2023.*

Goleman, D. (2003). *EQ Der Erfolgsquotient*. Carl Hanser Verlag.

Kondo, M. (2013). *Magic Cleaning*. Rowohlt Verlag.

Korte, M. (2023). *Frisch im Kopf*. Deutsche Verlags-Anstalt.

Küstenmacher, W. T. (2008). *Simplify your life*. Campus Verlag GmbH.

Kutz, A. (2016). *Toxische Kommunikation als Krankheitsursache in Unternehmen: Das Double Bind-Phänomen – eine Einführung für Führungskräfte, Berater, Coaches. essentials*. Springer.

Kutz, A. (2018). *Double-Bind-Kommunikation als Burnout-Ursache. Ein Theorie-Vorschlag zu Auswirkungen toxischer Kommunikation in Organisationen. essentials*. Springer.

Kutz, A. (2020). *Systemische Haltung in Beratung und Coaching. Wie lösungs- und ressourcenorientierte Arbeit gelingt. essentials*. Springer.

Mourlane, D. (2013). *Resilienz. Die unentdeckte Fähigkeit der wirklich Erfolgreichen*. BusinessVillage GmbH.

Nandram, S., & Bindlish, P. (2017). *Managing VUCA Through Integrative Self-Management*. Springer International Publishing AG.

Paschen, M., & Dishmaier, E. (2014). *Psychologie der Menschführung*. Springer.

Sachse, R. (2000). Persönlichkeitsstörung als Interaktionsstörung: Der Beitrag der Gesprächspsychotherapie zur Modell-Bildung und Intervention. *Psychotherapie, 5*(2), 282–292.

Schulz von Thun, F. (2016). *Störungen und Klärungen: Allgemeine Psychologie der Kommunikation*. Rowohlt Taschenbuch.

Schulz von Thun, F. (2003). *Miteinander reden: Kommunikationspsychologie für Führungskräfte*. Rowohlt Taschenbuch.

Schulz von Thun, F. (1989). *Miteinander reden 2: Stile, Werte und Persönlichkeitsentwicklung: Differentielle Psychologie der Kommunikation*. Rowohlt Taschenbuch.

Schulz von Thun, F. (1998). *Miteinander reden 3: Das „Innere Team" und situationsgerechte Kommunikation*. Rowohlt Taschenbuch.

Seligman, M. E. (2016). *Erlernte Hilflosigkeit: Anhang: ‚Neue Konzepte und Anwendungen' von Franz Petermann* (5., neu ausgestattete Auflage). Beltz J.

Spitzer, M. (2012). *Digitale Demenz*. Droemer Verlag.

Starker, V., & Peschke, T. (2021). *Hypnosystemische Perspektiven im Change Management*. Springer Gabler.

Steffen, A. (2019). *Menschen und Organisationen im Wandel*. Springer Gabler.

Watzlawick, P. (2007). *Anleitung zum Unglücklichsein*. Piper Verlag GmbH.

Watzlawick, P. (1976). *Wie wirklich ist die Wirklichkeit?* Piper Verlag GmbH.

Watzlawick, P., Beavin, J. H., & Jackson, D. D. (2011). *Menschliche Kommunikation: Formen, Störungen, Paradoxien* (12. unveränd. Aufl.). Huber.

Literaturhinweise

Doppler, K. (2014). *Change. Wie Wandel gelingt*. Campus Verlag GmbH.

Köhler, T. R. (2012). *Der programmierte Mensch*. Verlag: Frankfurter Allgemeine Buch.

Nehmitz, P., & Pfeffer, M. (2020). *Prinzip Mensch*. Dietz-Verlag.

Miralles, F., García (Kirai), H. (2018). *Ikigai*. Ullstein Buchverlage GmbH.

Strelecky, J. (2012). *Das Café am Rande der Welt*. Greiner & Reichel.

Zuboff, S. (2018). *Das Zeitalter des Überwachungskapitalismus*. Piper Verlag GmbH.

Zweig, K. (2019). *Ein Algorithmus hat kein Taktgefühl*. Heyne.

Printed in the United States
by Baker & Taylor Publisher Services